农业农村人才学习培训系列教材

农垦改革与企业经营管理

NONGKEN GAIGE YU
QIYE JINGYING GUANLI

中共农业农村部党校
农业农村部管理干部学院 组编

中国农业出版社
北　京

《农垦改革与企业经营管理》

编 写 组

主　　编：向朝阳

策　　划：闫　石

审　　稿：徐　倩

统　　稿：甄　瑞　杜　凯

编写人员：甄　瑞　董烈之　董倩倩

曹荣荣　齐　磊　杜　凯

NONGYE NONGCUN RENCAI XUEXI PEIXUN XILIE JIAOCAI

INTRODUCTION | 写在前面的话

■ ■ ■

教材是培训教学的基础载体，是培训教学组织的基本规范，是培训教学活动的基干要件，是培训教学研究水平的重要体现。《干部教育培训工作条例》《2018—2022 年全国干部教育培训规划》明确提出，要加强教材建设，开发一批适应干部人才履职需要和学习特点的培训教材和基础性知识读本；各地区各部门各单位结合实际，开发各具特色、务实管用的培训教材，根据形势任务变化及时做好更新。

多年来，农业农村部管理干部学院（中共农业农村部党校）始终坚持深入贯彻党中央关于干部教育培训工作决策部署，以宣传贯彻习近平新时代中国特色社会主义思想、助力实施乡村振兴战略为己任，把教材建设作为夯实培训基础能力、推进培训供给侧结构性改革的重要抓手，把创编什么教材同培训什么人、怎样培训人、办什么班、开什么课、请什么人讲联动起来，把组织编写、推广使用培训教材同教学、管理队伍建设结合起来，系统提升办学办训能力。围绕走中国特色农业农村现代化道路、全面推进乡村振兴，编写出版了“三农”理论政策、现代农业发展、农业农村法治、农民合作社发展、农业财务管理等方面特色教材 50 余种，得到了广大学员、同行的普遍好评。

党的二十大报告强调指出，全面建设社会主义现代化国家，最艰巨最繁重的任务仍然在农村；要加快建设农业强国，扎实推动乡村产业、人才、文化、生态、组织振兴。功以才成、业由才广。全面推进乡村振兴，建设宜居宜业和美乡村，需要着眼人才“第一资源”的基础性、战略性支撑作用，培育、汇聚一大批高素质人才，推动开辟发展新领域新赛道、塑造发展新动能新优势，带动实现农业强、农村美、农民富。适应新时代新征程要求，培养造就一支懂农业、爱农村、爱农民的“三农”工作队伍，建设一支政治过硬、本领过硬、作风过硬的乡村振兴干部队伍，如何更好发挥教育培训的先导性、基础性、战略性作用，是一个必须回答好的新课题。

高质量教育培训离不开高水平教材的基础支撑。我们把 2022 年定为“教材建设年”，以习近平总书记关于“三农”工作重要论述为指引，发挥我院在相关领域的专业积累优势，系统谋划、专题深化，组织编写“农业农村人才学习培训系列教材”。重点面向农村基层组织负责人、农业科研人才、农业企业家、农业综合行政执法人员、农民合作社带头人及农民合作社辅导员、家庭农场主、农村改革服务人才、农业公共服务人才等乡村振兴骨干人才，提供政策解读和实践参考。编写工作遵循教育培训规律，坚持理论联系实际，注重体现时代特点和实践特色，努力做到针对性与系统性、有效性与规范性、专业性与通俗性、综合性与原创性的有机统一。该系列教材计划出版 10 种，在农业农村部相关司局指导下，由我院骨干教师为主编写，每种教材都安排试读试用并吸收了一些学员、部分专家的意见建议，以保证编写质量。

我们期待，本系列教材能够有效满足读者的学习成长需要，为助力乡村人才振兴发挥应有作用。

向朝阳

2022 年 12 月

FOREWORD | 前言

■ ■ ■

党中央、国务院历来高度重视农垦事业发展。2015 年，党中央、国务院印发《关于进一步推进农垦改革发展的意见》，提出要以推进垦区集团化、农场企业化改革为主线，打造一批具有国际竞争力的现代农业企业集团。2016 年 5 月，习近平总书记在黑龙江考察时，要求农垦“努力形成农业领域的航母”。2018 年 9 月，习近平总书记在黑龙江农垦建三江考察时强调，要贯彻新发展理念，加快建设现代农业的大基地、大企业、大产业，深化农垦体制改革，全面增强农垦内生动力、发展活力、整体实力，更好发挥农垦在现代农业建设中的骨干作用。这些重要论述对新时代农垦改革发展提出了新要求。如何深化改革，提升农垦企业经营管理能力，打造更具竞争力的市场主体，更好发挥在农业现代化建设和经济社会发展全局中的重要作用，是新时代农垦改革发展的重大命题。

贯彻中央决策部署，推动农垦改革发展，近年来各地不断深化创新实践。不少同志感到，适应新形势新任务新要求，必须强化企业战略管控能力，提升集团管资本定战略的能力；推进资源资产集中，促进产业优化升级；加强现代企业制度建设和内部控制，优化公司治理效能；注重自主创新和品牌建设，增强企业市场竞争力。为推动农垦企业高质量发展，不断做强、做优、做大，必须加强农垦经营管理人才队伍建设，造就一大批懂市场、善经营、会管理的优秀企业家，培育一大批热爱农垦、献身农垦的高素质人才。

本书着眼农垦事业发展和人才队伍建设需要，紧紧把握农垦改革主线和发展目标，梳理阐释企业经营管理要义，结合农垦实际及改革发展做法成效，为强化农垦企业经营管理、增强企业竞争力提供基本经验借鉴和参考。本书侧重于垦区集团化、农场企业化改革，农垦现代农业企业集团竞争力，以及企业经营管理谋篇布局，按照集团母公司管资本、定战略，产业公司管经营、强竞争，农场基地公司建基地、抓生产，不同层级管理人才应具备不同经营管理技能的组织定位确定编写思路。

——深化农垦改革。农垦因承担国家使命任务而生，在中国革命、建设、改革开放和新时代等各个历史时期都发挥了重要作用。面对新时期新的机遇与挑战，农垦企业必须把自身发展摆进以中国式现代化推进中华民族伟大复兴的历史征程中，坚持服从、服务于国家战略需求，坚持向改革要动力、活力，将农垦企业培育成为自主经营、自负盈亏、自担风险、自我约束、自我发展的独立市场主体，不断提升农垦企业的核心竞争力，不断增强农垦企业的核心功能。

——造就新时代农垦企业家。新时代农垦企业家要高举“艰苦奋斗、勇于开拓”旗帜，弘扬企业家精神，锚定加快建设农业强国中更好发挥农垦国家队作用的目标，打造现代农业的“农垦样板”，壮大农业强国的“农垦力量”，强化乡村振兴的“农垦担当”。农垦企业家和经营管理骨干在农垦改革发展过程中，要进一步强化开拓创新和市场竞争意识，强化责任意识和社会意识，运用现代企业管理理念和方法，推进企业高质量发展、高效率运行、高效益运营。

——优化企业现代化经营管理机制。从农垦企业所处的宏观经济环境和自身发展现状出发，坚持以农为本，增强战略思维，建立完善现代企业制度，有效规避和应对内外部风险；发挥科技创新引领驱动作用，走规模化、集约化发展道路，构建现代农业经营体系，打造农业全产业链，促进一二三产业融合发展；围绕建立健全适应市场经济要求、充满活力、富有效率的管理体制和经营机制，培育具有市场影响力、国际竞争力的现代农业企业集团。

本书共八章，包括新中国成立以来农垦改革发展、农垦企业战略管理、农垦现代企业制度建设、农垦企业产业链建设、农垦企业市场营销管理、农垦企业财务管理、农垦企业人力资源管理、农垦企业创新管理。本书旨在帮助读者尤其是农垦企业家和经营管理骨干深入理解党中央、国务院关于农垦改革发展的决策部署精神，系统掌握现代企业经营管理能力提升的有效方法，高质量推进农垦改革发展。

希望本书能够成为农垦企业家和经营管理骨干提升工作能力的好帮手。

本书编写组

2023 年 7 月

CONTENTS | 目录

第一章
新中国成立以来农垦改革发展

农垦是在特定历史条件下为承担国家使命而建立的。中华人民共和国成立以来，在恢复国民经济、深化经济体制改革的大浪潮下，农垦同步开启了艰苦卓绝的改革发展历程。国营农场经历了从无到有、从小到大、从大到强的发展过程，逐步适应了市场经济的发展要求，建立了一批现代化国有农场和重要农产品生产基地，形成了组织程度高、规模化特征突出、产业体系健全的独特优势，履行了国家使命、完成了战略任务、体现了责任担当，成为保障国家粮食安全和重要农产品有效供给、示范带动现代农业建设的重要战略力量。农垦作为国有农业经济的骨干和代表，如何深化改革，提升农垦企业经营管理能力，打造成具有市场竞争力的市场主体，更好地发挥农垦在农业现代化建设和经济社会发展全局中的重要作用，是新时代农垦改革与发展的重大命题。

党中央、国务院历来高度重视农垦事业，多次在中央文件中对农垦改革发展作出决策部署。特别是 2015 年，党中央、国务院印发《关于进一步推进农垦改革发展的意见》，提出要以推进垦区集团化、农场企业化改革为主线，打造一批具有国际竞争力的现代农业企业集团。2016 年5 月，习近平总书记在黑龙江考察时，要求农垦"努力形成农业领域航母"。2018 年 9 月，习近平总书记在建三江考察时强调，要贯彻新发展理念，加快建设现代农业的大基地、大企业、大产业，深化农垦体制改革，全面增强农垦内生动力、发展活力、整体实力，更好发挥农垦在现代农业建设中的骨干引领作用，为农垦改革发展进一步指明了方向。本章通过回顾农垦改革历程，明确新一轮农垦改革的内涵，提炼总结农垦改革的经验与成效，为强化农垦企业经营管理、增强企业竞争力提供基本遵循。

第一节 新中国农垦改革发展历程

抗日战争时期，为了保证供给，减轻人民负担，党中央和毛主席号召各根据地的党、政、军、民、学开展了大生产运动；解放战争时期，在东北地区，为了安置复员军人和被俘官兵，曾开荒建立农场；中华人民共和国成立后，为了医治战争创伤，恢复国民经济，又动员了三十多个师参加生产建设，自此农垦事业开始新一轮发展。

一、1949—1977 年：农垦改革发展探索期

中华人民共和国成立初期，国家经济发展的重点是恢复生产，之后经历了社会主义改造过渡期和社会主义革命建设期。农垦改革在党中央、国务院的统一部署下，主要针对国营农场生产经营管理上存在的具体问题，从农场内部管理体制、财务管理制度、经济核算制度、用工方式、工资制度等方面探索改革措施。

国营农场是农垦的载体，是社会主义性质的农业企业。1950 年，全国国营农场只有 17 个，随后农场数量和耕地面积大规模扩张，到 1962 年，国营农场数量增加到 2 260 个，耕地面积增加到 4 300 万亩。[①] 然而农场发展规划、经营管理制度跟不上迅速扩张的步伐，导致农场劳动生产率低、盈利能力低。具体表现为：一是农场内部管理制度不健全。农场没有明确实行几级管理，农场与生产队没有建立明确的生产责任制，没有实行严格的包产奖罚制度。二是财务管理制度不健全。农场大部分领导干部缺乏企业经营思想，不重视会计业务，经济核算制度没有建立，出现成本大于产出、财政紊乱现象。三是农场劳动用工及工资分配制度不符合农业生产特点和按劳分配、多劳多得的原则，增加了农场的生产成本，打击了农场职工的劳动积极性。四是农场管理水平低。农场负责人缺乏农业技术、机械技术和经营管理经验，干部管理水平的提高无法满足事业发展的需要。

---

① 数据来源：《农垦工作的基本总结和今后的方针任务（修改草稿）》。

农垦事业在化解矛盾中向前发展。1949 年以来，针对各阶段出现的主要问题，均采取了有效的应对措施。1962 年，时任国务院副总理邓子恢在南宁全国农垦工作会议上的报告中指出：建议农场内部实行两级管理两级核算，较大的农场可以实行三级管理两级核算。生产队是基本的，是基层管理单位。农场场部是总管经营的综合核算单位。生产队必须有“权”，要有经营上的自主权，才会激发生产队的劳动积极性。1965 年，中央转批农垦部党组关于党组扩大会议的报告中所附《关于改革国营农场经营管理制度的规定（草案)》，针对这一时期束缚农场生产力发展的各项经营管理制度，提出指导意见：一是用工方式上，充分发挥劳动潜力，把一切可以参加劳动的人都安排劳动，积极发展生产。取消固定工与临时工的划分，取消职工与非职工的划分。不再实行八小时和星期天的制度，要根据农业生产习惯，按照农忙农闲情况安排劳动时间。二是工资制度上，规定工资总额不宜随意扩大，合理确定工资总额。贯彻执行按劳分配、同工同酬、多劳多得的原则，实行定额积分、按分付酬、计时折工的方法，取消附加工资制度，取消按工业企业标准实行的劳保福利办法。三是国营农场对生产队实行“三定一奖”的办法，即定产量、定上缴利润、定工资总额、超产奖励。“三定”指标既要积极可靠，又要留有余地；超产奖励要适当。四是国有农场在抓好主业的同时，积极开展多种经营。

通过改革农垦，实现了粮食增收，1965 年，农垦系统粮豆总产量 70.6 亿斤，保障了国家和人民的需要。农垦企业盈利方面，国营农场经营利润 1.7 亿元，净利润 5 800 万元，为支援国家建设积累了资金。① 同时，中央直属垦区和多个省、市、自治区都培养出一批产量高、劳动生产率高、经营有利的场、队，显示出了全民所有制机械化大农业经济的优越性。农垦这一新生力量，过去十几年在荒无人烟的地区开垦了大量荒地，生产了大量的粮食、棉花和其他作物，为吸纳富余劳动力，增产商品粮食、工业原料以支援国家工业建设，推动小农经济进行社会主义改造作出了很大贡献。

1966—1977 年，农垦改革处于曲折调整阶段。这一时期农垦发展仍将发展国营农场、扩大耕地面积作为战略任务。农垦改革主要针对上一时期国营农

---

① 数据来源：《农垦部党组关于全国农垦工作会议情况的报告》。

场整顿的遗留问题，加大政策实施力度。在各级党委领导下，全国农垦开垦的耕地面积达 6 200 万亩。[①] 与此同时，国营农场抓纲治场，重新厘清了发展路线，整顿了企业管理。

二、1978—1991 年：农垦改革发展开拓期

党的十一届三中全会做出将经济工作中心转移到社会主义现代化建设和实行改革开放的战略决策，农村家庭联产承包责任制改革大潮涌起，农垦随即开启了打破高度集中的计划经济体制的改革历程。这一阶段的改革以放权让利、增加企业和职工自主权为目的，通过实施单项改革措施，在企业经营管理和农业生产管理领域进行了全方位、多领域的改革试验探索。

时任国务院副总理余秋里在 1978 年全国国营农场工作会议上的讲话中提出："国营农场是全民所有制农业，应该有更高的发展速度，对国家农业作出更大的贡献，对发展农业起带头作用"。然而，多年的计划体制导致农场生产管理和经营管理难以适应市场经济需求，仍存在农场自主经营权缺乏、管理水平低、职工待遇分配不公、领导体制不适应等问题。具体而言，包括：第一，农场缺乏自主经营权，多数农场领导存在"用钱向上要，亏损向上报"的"等、靠、要"思想。第二，农场领导干部习惯用行政化管理企业，不注重经济核算和经济效果；管理机构庞大，层次多，非生产人员多。第三，职工待遇存在"平均主义"与"两极分化严重"两个层面的问题。第四，农垦企业存在党政不分、政企不分、多头领导的现象，人权、财权、物权、产品处理权和计划管理权不统一。

针对上述问题，党中央推行了一系列改革措施。企业经营管理方面，以党的十一届三中全会为转折点，农垦事业为适应市场经济发展要求，抓住改革发展先机，适时而动。1978 年，国务院下发的《国务院关于批发〈全国国营农场工作会议纪要〉的通知》（国发〔1978〕20 号）强调"要把国营农场当作企业来办"。自此，国营农场开启了漫长的、涉及多项制度改革的企业化历程。1979 年，农垦企业实行"独立核算、自负盈亏、亏损不补、有利润自己留、缺资金可贷款"的财务包干制度。实施财务包干制度能够更好

① 数据来源：《1978 年全国国营农场工作会议纪要》。

地运用价值规律，发挥经济手段的作用，逐步把农垦企业的经营管理转移到企业化管理的轨道上。国务院转发的《关于尽快把国营农场办成农工商联合企业的座谈纪要》中提出把国营农场办成农工商联合企业，在做好农业主业的同时鼓励农垦企业按照自身资源禀赋发展工业，增加农垦企业的自主经营权，为国家提供更多的商品、物资，积累更多建设资金。1984 年，党中央决定在国营企业中试行厂长负责制，明确开展农场场长负责制试点，确立了场长对生产经营和行政工作的统一领导权。多数试点企业结合了配套改革，让承包进入农垦企业的各个层次、各个领域。1988 年，党中央给予农场工业企业八项经营自主权，并提出通过竞争确立企业经营者。

农业生产管理方面，1979 年，农垦部规定农场对生产队实行“三定一奖”，生产队内部实行“任务到级、责任到人、定额记分、以分计奖”的责任制，初步打破了农业生产经营“大锅饭”。1980 年后，农场逐步推行以“浮动工资和产量工资”为主要内容的联产承包责任制，以队为单位整体承包，之后一些农场联产承包到职工家庭，将职工利益与生产经营密切挂钩。1983 年，全国国营农场工作会议提出国营农场在联产承包责任制基础上兴办职工家庭农场，突破了国有农场的农业经营制度和分配制度。1984 年，《关于在国营农场兴办职工家庭农场的意见》中提出了大农场统筹小农场的双层经营管理体制，既发挥大农场的机械化规模化优势，又发挥小农场的灵活性和主动性，是国有农场管理体制改革上的一项重大举措。1986 年，中央提出认真办好家庭农场。各垦区根据自身情况，创办联户农场、生产队承包、机组承包等多种方式的小农场。

全国农垦系统自改革开放起，下大力气推进管理体制、经营机制改革，破除制约农垦生产力发展的各项制度因素，初步冲破了原有僵化的经济体制，企业活力明显增强。一是经济总量增加，整体实力增强。1990 年，农垦完成农业生产总值 234.4 亿元，工业生产总值 272.9 亿元，分别比 1985 年增长 58.4%、103.6%；全年实现盈利 12.2 亿元，比 1985 年增加 30.9%。二是农业综合生产能力提高。1990 年，农垦拥有耕地面积6 641 万亩，粮豆总产量为 1 168 万吨，经济作物播种面积为 1 140 万亩，分别比 1985 年增加 11.2%、67.2%、6.3%。三是结构调整取得较大进展。产业结构进一步优化，经济作物种植比重扩大，畜牧业等养殖业比重上升，农产品的品种优化、品质提高幅度加大。[①]

三、1992—2000 年：农垦改革发展突破期

党的十四大确立了社会主义市场经济的改革目标，十四届三中全会明确提出“整体推进、重点突破”的改革战略，由此经济改革进入了新阶段。农垦企业坚定社会主义市场经济改革方向，改革重点从企业管理层面深入到企业组织结构及管理体制机制创新层面，逐步形成适应社会主义市场经济的管理体制和经营机制。

农垦改革发展经历了 40 余年，仍存在改革措施执行不到位、改革力度不够的问题，同时在新的经济改革阶段，也出现了一些新问题。例如，企业人事、劳动、分配制度改革执行不到位，农场与职工利益分配不合理，农场办社会负担沉重，农垦企业组织结构混乱等。具体表现为：一是农垦企业在干部制度上存在“铁交椅”、用工制度上存在“铁饭碗”、分配制度上存在“大锅饭”问题。二是农场与职工之间分配关系不合理，在承包过程中存在“盈利归个人，亏损归农场”的现象。三是农场承担了科教文卫、交通、政法等社会性工作，农场办社会负担沉重。四是垦区内行业布局不合理，重复建厂问题严重。农垦企业各自为战，互争原料、市场，生产要素未实现合理配置。

针对上述问题，农垦企业推行了一系列改革措施。企业经营管理方面，1992 年，在人事制度上推行干部聘任制，在劳动制度上推行全员劳动合同制，在分配制度上贯彻按劳分配原则，把竞争机制、激励机制引入企业内部，使之能够适应外部市场竞争的需要。1994 年，在全国农垦企业中开展选择百家国有农场进行现代企业制度试点、组建发展百家企业集团、建设和做强百家良种企业的“三百工程”。“三百工程”以产权制度改革为重点，构建具有农垦特色的产权清晰、权责明确、政企分开、管理科学的国有农业企业经营机制和领导管理体制，是农垦企业实现企业经营制度创新的一项重大举措，标志着农垦企业的改革开始深入到企业制度本身，改革内容从放权让利进入制度创新阶段。1995 年，垦区集团化改革正式启动。在全国农垦经济体制改革工作会议上，

---

① 数据来源：《全国农垦经济和社会发展十年规划设想和第八个五年计划纲要》。

明确提出了农垦管理体制改革的总体思路：适应建立社会主义市场经济体制的要求，逐步弱化行政职能，加快实体化进程，积极向集团化、公司化过渡，并针对各垦区的不同情况提出改革要求。

农业生产管理方面，1994 年，农业部明确提出对农业承包职工全面实行土地承包到户、核算到户、亏盈到户、风险到户，以及生产费、生活费由家庭农场、承包职工自理，彻底改变了农业职工的工资分配制度。国有农场农业双层经营体制从此进入了新的发展时期。

深化改革的各项举措为农垦企业发展提供了内生动力，企业的管理体制和经营机制迈出了实质性步伐。一是企业管理体制机制转变初见成效。大多数中小企业实行了产权制度改革，实行租赁经营和股份合作的有 4 000 多家，按照现代企业制度要求改成多元投资有限公司的有 2 740 多家，还培育出一批按照公司制运行的大型专业化企业集团。[①] 二是社会事业稳定发展。各地根据实际对分离办社会职能进行了探索。有的将社会职能一次性移交政府管理，有的分项分批逐步移交，有的在企业内部实行经营职能和社会职能分开，有的设立农场管理区并赋予其相应的政府职能。三是垦区集团化改革快速进展。15 个垦区（不含新疆生产建设兵团）已初步改革集团体制，垦区主管部门与所属企业的行政隶属关系正逐步朝着母子公司关系转变。

四、2001—2011 年：农垦改革发展深化期

跨入 21 世纪，我国进入全面建设小康社会、加快推进社会主义现代化的新发展阶段。农垦围绕发展主题，坚持市场经济体制的改革方向，按照全面推进、突出重点、分类指导、逐步完善的原则深化改革，努力实现农垦管理体制和经营机制创新，着力提高农垦经济增长的质量和效益。这一阶段的农垦改革以巩固落实已有改革举措、解决遗留问题、推进垦区管理体制改革和国有农场改革为着力点。

农垦已经探索出了一条适应社会主义市场经济体制要求、符合农垦特点的改革道路。但是随着改革不断深入，一些深层次矛盾逐步凸显，主要表现为：

---

① 数据来源：《加快发展　提高效益　努力实现“十五”计划的良好开局——魏克佳同志在全国农业工作会议农垦专业会上的讲话》。

第一，农场实行行政管理的理念固化，场长负责制、双层经营体制、“两自理，四到户”等改革措施落实不到位。第二，企业负担重。2001 年，企业承担的办社会支出和职工养老支出达 100 多亿元。第三，垦区集团内部没有形成适应市场的经营机制，外部没有充分整合资源，导致集团市场竞争力不强。第四，国有农场管理体制是计划经济体制下形成的以块为主，政、社、企职能合一的企业组织形式，与市场经济和现代企业制度不适应。

农垦的基本属性和定位是企业，主要职能是经济职能，根本任务是发展经济。农垦改革要坚持市场化方向，按照现代企业制度要求，加快建立和完善适应社会主义市场经济体制要求的管理体制和经营机制，可采取的措施如下：一是继续落实场长负责制改革，积极推动配套改革措施出台，切实起到激发农场和职工积极性的作用。进一步稳定双层经营体制。落实好土地承包关系不变的政策，推行职工家庭承包经营，继续调整完善职工家庭与农场经营组织之间的权利义务和分配关系。切实提高职工家庭的“两自理，四到户”水平，减少农场为职工种地垫支，搞活农场经营机制。二是切实剥离办社会职能。各垦区从实际出发，制订具体方案，列出时间表，采取最适合的方式尽快分离企业办社会职能，减轻企业负担。三是调整优化集团的组织结构。以垦区为主体，形成以产业公司为核心，通过农场基地公司联结职工家庭，将生产、加工、销售等环节整合为一体的新格局。四是国有农场改革的目标和重点是推进政企分开，逐步探究建立与市场经济相适应的企业组织形式与经营方式。

2001 年以来，农垦在极其艰难的条件下奋力拼搏、开拓前进，创造了辉煌业绩：一是整体经济实力显著增强。十年间，农垦生产总值由 800 多亿元跃升到 5 000 多亿元，连续十年保持 12%以上的增长速度。自 2002 年走出严重亏损困境后实现连续十年盈利。二是现代农业建设跃上新台阶。粮食等重要农产品供给能力明显增强，2010 年，农垦粮食总产达到 590. 66 亿斤，比 2001 年翻了一番多，粮食亩产比全国平均水平高 100 多公斤。其他农产品产量全面提高，农业综合机械化率达到 80%，农业规模化、组织化、标准化、产业化和现代化整体水平处于全国领先地位。农垦民生得到显著改善，养老、医疗保险基本实现全覆盖。农垦在自身发展的同时，保障国家粮食安全和示范带动现代化建设的重要作用凸显。

第二节　农垦改革发展进入新时代

经过几十年的艰苦奋战，农垦事业发展已取得巨大成就。2012 年，农垦生产总值突破 5 000 亿元大关，连续 10 年保持 12%以上的增长速度。农垦企业经济效益持续向好，2012 年实现利润 149 亿元以上。经济结构不断优化，第二产业比重持续提升，成为农垦经济增长的重要动力。粮食和重要农产品生产再攀新高。粮食生产实现“九连增”，同比增长 4. 47%；其他重要农产品产量同比增长在 5%左右。农业现代化建设走在全国前列，示范带动周边农村的作用显著。民生持续改善，农垦职工人均纯收入首次突破万元大关，社会保险参保率稳定增长，科教文卫等事业健康发展。农垦经济社会保持良好发展态势，为推动新时代农垦改革奠定了坚实基础。

一、推进新时代农垦改革的战略意义

农垦通过不断创新体制机制，加快发展现代农业，积极培育农业企业，走出了一条具有中国特色的现代化农垦发展道路。但随着环境条件的不断变化，农垦发展定位不清晰、管理体制不完善、经营机制不灵活等问题日益凸显，部分国有农场经营困难、效益低下。新时代深入推进农垦改革，明确农垦的战略定位、改革方向、发展路径与支持措施，对做大做强农垦事业具有重大意义。

第一，推进新时代农垦改革是农垦解决自身问题的必然要求。农垦行政管理体制尚未彻底根除，市场化竞争观、企业化管理体制未完全形成，经营机制不够灵活等传统国有企业弊端仍存在。农垦企业承担的公检法、基础教育、基本医疗和公共卫生等办社会职能负担沉重。农场国有土地以低于市场价的价格长期租赁。国有农场归属市县管理的农场，资源分散、管理权散落。受资源禀赋、管理体制、发展水平的影响，各垦区间农垦经济发展不平衡。这些问题需要通过改革解决。新时代农垦改革明确了农垦要坚持政企分开、社企分开，将经济职能、行政职能、社会职能剥离，使各项职能在规范的轨道上运行，从制度层面解决农垦的政策性和社会性问题。

第二，推进新时代农垦改革是提升农垦企业竞争力的制度基础。经过多年

的发展积淀，农垦具有资源优势、组织优势、规模优势、技术优势，但是由于运行体制机制不符合市场经济的要求，导致农垦资源独立分散，垦区范围内各自为战、互相竞争，国有资产监管主体不明确、资源浪费严重等，这些问题制约了农垦经济高质量发展。在新时代农垦改革推动下，各省整合归并垦区内优质资源，以企业化的改革模式、集团化的组织形态、产业化的资源整合，正在形成集团母公司管资本定战略、产业公司管经营强竞争、农场基地管生产抓质量的母子公司管理体制。加快推进农垦现代企业制度建设，形成各司其职、各负其责、协调运转、有效制衡的公司治理机制。以劳动、人事与考核分配三项制度改革为重点，深化农垦企业内部体制机制改革，切实转变经营机制，推动农垦国有经济与市场经济深度融合。

第三，推进新时代农垦改革是保障国家粮食安全和重要农产品有效供给的有力举措。近年来，尽管我国粮食总产量始终维持在高位，但国内粮食供求仍处于紧平衡态势，加上“吃得好”“吃得放心”的粮食消费新需求和国际形势不稳定，粮食安全问题仍作为“三农”工作的“重中之重”。农垦粮食产量连续多年超 700 亿斤，单产高于全国平均水平，商品率维持在 90%以上，以占全国 4%左右的耕地提供着约 5%的粮食供给，已经形成多处大规模粮食生产加工基地，具有巨大的粮食供应能力。随着我国农业与国际市场的关联程度不断提高，粮食等重要农产品进口依存度不断提升，国际粮食市场环境不确定性增加，因此必须提高我国农业自身的竞争力。农垦作为国有农业经济的骨干，须利用改革充分发挥组织优势、规模优势，更好地应对国际竞争，更好地把握国家粮食安全和重要农产品有效供给主动权。

第四，推进新时代农垦改革是实现农业现代化的迫切需要。农垦是我国现代农业建设的排头兵。2020 年，农垦农业综合机械化率达到 92.1%，比全国平均水平高出 20 个百分点。“集团 + 农场公司 + 家庭农场”的农业产业化生产经营模式、“农场公司 + 农户”的社会化服务方式逐步成熟，农垦在农业规模化、产业化等方面始终走在全国前列，实现了小农户与现代农业的有效衔接。深化农垦改革不仅关系到农垦自身的现代化建设，更关系到辐射周边农村、农民，加快实现全国农业现代化进程。深化农垦改革，须充分释放集团公司资本集聚优势，增加科技研发投入，维持农垦现代农业发展水平；充分发挥产业公司资源集聚优势，创新农业产业化生产模式，持续推进小农户实现农业现代化。

推进新时代农垦改革，要准确把握全面深化改革的重大机遇。党的十八届三中全会作出了全面深化改革的重大战略部署。党的十八大提出加快发展现代农业、增强农业综合生产能力，确保粮食和重要农产品有效供给；培育新型农业经营主体，发展新型经营体系，加快和保障以改善民生为重点的社会建设等。党的二十大报告提出以中国式现代化全面推进中华民族伟大复兴。全面推进乡村振兴、加快农业农村现代化是中国式现代化的重要组成部分。这一系列新部署、新要求势必催生一系列新政策、新举措，对农垦改革发展具有重要的指导意义，带来发展机遇。农垦必须抓住机遇，积极主动争取好政策，赢得更快、更好的发展机会。

推进新时代农垦改革，也要充分认识经济形势低迷带来的巨大挑战。随着市场化程度不断提高，农垦受宏观经济尤其是市场波动的影响加大。2008 年国际金融危机爆发以来，世界经济形势总体低迷。世界正经历百年未有之大变局，外部环境日趋复杂，国际粮食市场波动明显，全球粮食供应链断裂风险存在。近年来，国际环境复杂多变，习近平总书记多次强调，应对各种风险挑战，必须着眼国家战略需要，稳住农业基本盘，做好“三农”工作，确保稳产保供。此外，中国经济下行压力大带来原材料、劳动力等生产要素价格上升，融资成本升高，对农垦经济发展产生不利影响。

农垦要深刻理解习近平总书记“中国人的饭碗任何时候都要牢牢端在自己手上”“我们的饭碗应该主要装中国粮”的道理和内涵，认清形势、奋力作为，在新的时代背景下，不断推进各项改革措施，努力实现新的历史条件下的高质量发展。

二、新时代农垦改革发展历程

2012 年起，农垦进入经济发展方式转变的关键时期。农垦以科学发展为主题，以转变经济发展方式为主线，紧紧围绕加快发展现代农业和加快改善民生中心任务，大力推进农垦改革和发展方式转变。2015 年，党中央、国务院印发《关于进一步推进农垦改革发展的意见》，在传统农业向现代农业加快转型升级且农垦改革处在关键阶段的时期，从战略上明确了新时期农垦的功能定位和深化改革的顶层设计。

（一）2012—2015 年：贯彻落实党的十八大精神，努力实现“两个率先”

党的十八大以后，农垦系统贯彻落实会议精神，提出农垦最重要的目标任务就是“两个率先”，即率先实现农业现代化，率先全面建成小康社会。

率先实现农业现代化是新时期农垦的历史使命。示范引领我国现代农业发展是中央赋予农垦的历史使命，农垦必须冲锋在前。这一阶段农垦围绕提高农业生产率、土地产出率和资源利用率，着力从以下方面取得突破：加强基础设施建设和农业物质装备建设，不断提高农业机械作业普及率和使用率；加强农业新技术新品种研发和推广应用，提高科技对增产、增效的贡献率；创新农业经营体制机制，积极培育新型农业经营主体，推进规模经营，提高生产管理效率，率先实现农业组织管理现代化；发展和应用现代信息技术，使之贯穿于农业产前、产中、产后的各个环节。

率先全面建成小康社会是农垦人共同的期盼。农垦率先全面建成小康社会已经具备良好的基础。要全面加快经济发展，以加快转变经济发展方式为主线，在确保农垦经济持续快速增长的前提下，积极推动发展的立足点转到提高质量和效益上来，不断做大做强农垦经济。要切实改善垦区民生，把增加职工、从业人员收入作为率先全面建成小康社会的关键环节。加快产业结构调整，扩大就业增收渠道；完善企业收入分配机制；加快社会事业建设。以稳步推进农垦新型特色城镇化为突破口，不断完善城镇功能，健全社区服务功能，创新社区管理方式，营造良好社会环境。

（二）2015 年至今

中央高度重视农垦改革发展，出台《关于进一步推进农垦改革发展的意见》。文件出台正值农垦改革发展的关键时期，明确了农垦的定位和战略使命，对农垦改革做出全面部署，具有里程碑意义。

《关于进一步推进农垦改革发展的意见》鲜明的回答了“农垦是什么、干什么”的重大问题，为新时期农垦改革发展奠定了坚实的理论基础。一是明确农垦的定位。指出农垦是中国特色社会主义经济体系不可或缺的重要组成部分，是国有农业经济的骨干和代表。二是明确农垦的战略使命和发展目标。指出新时期农垦要成为保障国家粮食安全和重要农产品有效供给的国家队、中国特色新型现代化的示范区、农业对外合作的排头兵、安边固疆的稳定器。

《关于进一步推进农垦改革发展的意见》明确垦区集团化农场企业化改革主线，为新时期农垦改革发展提供了根本遵循。一是聚焦关键问题，积极稳妥推进改革。分级分类推进垦区集团化改革。已实行整建制集团化的垦区要进一步完善现代企业制度，已构建集团架构的垦区要尽快完善集团管理体制。国有农场归属市县管理的垦区要积极探索组建农业产业公司、区域性现代农业企业集团，深入推进农场企业化改革。采取多种方式将公检法、基础教育、基本医疗和公共卫生等办社会职能纳入属地管理。在稳定大农场统筹小农场的双层经营体制基础上，推动形成多种形式的适度规模经营，规范国有土地经营制度。二是转变发展方式，率先实现农业现代化。构建现代农业产业体系，发挥农垦农工商联合经营优势，扶持烘干、储藏、加工等关键环节，培育冷链物流、电子商务连锁经营等新兴业态，推进农业全产业链建设，强化农产品质量追溯体系建设，加快建设农垦公共品牌。以粮食、棉花、糖料、天然橡胶、乳业等农垦优势产业为重点，加快种业、加工、仓储、运销等体系建设，加快并购重组和资本联合步伐，提高产业集中度，大力发展联合、联盟、联营，打造一批具有国际竞争力的农垦现代农业企业集团。提升现代农业示范带动能力，着力创新农垦现代农业经营体系，建立健全农场和农户间的利益联结机制，通过土地托管、技术承包、科技培训等形式强化服务带动。总之，《关于进一步推进农垦改革发展的意见》坚持以理顺政企、社企、政资关系为重点，努力在垦区管理体制、农场经营机制、构建现代农业产业体系和现代农业企业集团、示范带动周边农民等方面取得实质突破，不断增强农垦的内生动力、发展活力、整体实力。

第三节　推进垦区集团化农场企业化改革

《关于进一步推进农垦改革发展的意见》明确指出，垦区集团化农场企业化是新一轮农垦改革的主线。明确垦区集团化农场企业化的内涵，提炼总结农垦改革的经验与成效，为强化农垦企业经营管理、增强农垦企业竞争力提供基本遵循。

一、垦区集团化农场企业化改革的背景及要求

（一）垦区集团化农场企业化改革提出的背景

农垦兼具国有企业和农业农村双重特性，既存在国有企业的共性问题，也面临农业产业的特殊情况，政企不分、自成系统、负担沉重等问题始终没有很好地解决。同时农垦发展处在城乡、工农、国内外发展的大格局中，全面推进农垦改革发展政策性强、涉及面广、影响深远，各种利益关系错综复杂。面对农垦发展形势，中央高度重视农垦改革发展。2015 年中央 1 号文件提出加快研究出台推进农垦改革发展的政策措施，深化农场企业化、垦区集团化、股权多元化改革，创新行业指导管理体制、企业市场化经营体制、农场经营管理体制，通过明晰农垦国有资产权属关系，建立符合农垦特点的国有资产监管体制，进一步推进农垦办社会职能改革，发挥农垦独特优势，积极培育规模化农业经营主体，把农垦建成重要农产品生产基地和现代农业的示范带动力量。同年 11 月，党中央、国务院印发《关于进一步推进农垦改革发展的意见》，为新时期农垦改革发展指明了方向。

（二）垦区集团化农场企业化改革的要求

《关于进一步推进农垦改革发展的意见》肯定了农垦的历史贡献，明确了农垦的战略定位，提出坚持以厘清政企、社企、政资关系为重点，坚持社会主义市场经济改革方向，以保障国家粮食安全和重要农产品有效供给为核心，以推进垦区集团化农场企业化改革为主线，促使各垦区加快实现从以行政管理为主向以市场经营为主转轨，解决体制不顺、机制不活等问题，积极推进垦区组建现代农业企业集团，推进国有农场进行企业化、公司化改造，做强做优做大农垦企业。

农垦农业生产经营规模化水平较高，综合生产能力强、农产品商品率高，科技成果推广应用、物质装备条件、农产品质量安全水平、农业对外合作等走在国家前列。推进垦区集团化农场企业化改革，组建大型国有现代农业企业集团，对于示范带动现代农业发展、提高国家对农业的控制力、增强我国农业的国际竞争力、保障国家粮食安全具有重大意义。垦区集团化农场企业化改革通

过推动垦区由行政管理向企业管理转变，打破原有条块分割、各自为战的经营格局，有效整合区域内农业产业资源，进一步重塑了农垦管理体制，放大了农垦的独特优势，进一步释放了农业先进生产力。经过几十年的持续深化改革，农垦事业发生了深刻变革，呈现出崭新面貌。但由于农垦的特殊性，推进垦区集团化农场企业化改革，应更多立足国有企业的根本属性，同时充分考虑国有农业经济的使命责任，在实践中不断加深认识、总结规律、因地施策、注重统筹，走出一条具有农垦特色、适合农垦发展的改革道路。

二、垦区集团化农场企业化的内涵及做法

（一）垦区集团化的内涵及做法

垦区集团化是农垦改革的主导方向，是整合农垦资源、放大农垦优势、增强农垦经济实力和市场竞争力的必要手段。垦区集团化是对垦区管理体制和经营机制进行整体变革，以产业为主线进行资源和资产的重组整合，调整组织结构和管理模式，组建和完善现代大型农业企业集团的过程。深入推进农垦改革，以管理体制改革为根本，以垦区集团化农场企业化为主线，做大做强农垦企业，必须要以推进垦区集团化为抓手，推进农垦资产资源资本整合运营，放大国有资产效率。与一般意义上建立的企业集团有所不同，垦区集团化的重点在于对农垦管理体制的改革。实践中，垦区集团化的做法包括：第一，从行政管理体制转变为企业管理体制。农垦为适应市场经济体制改革的需要，逐步弱化行政职能，加快实体化进程，积极向集团化、公司化过渡。第二，逐步构建以资本为纽带的母子公司管理体制。明确出资人履职主体，进行规范的公司化改造，建立资本链接纽带，形成以母公司为核心、子公司为主要成员的企业集团组织体系。第三，以资源资产组合为手段，组建以产业公司为核心的经营主体。农垦企业集团按照市场化要求实行专业化经营，以产业为主线加快垦区经营性国有资产重组，组建专业化产业公司。

（二）农场企业化的内涵及做法

农场是农垦国有农业经济的基本单元，农场企业化是垦区集团化的必要保障。农场企业化的核心要义是突出农场的市场主体地位，具体有两层含义。第

一层是从打造外部环境角度，强化农场的市场主体地位，坚持政企、社企分开的改革方向，全面推进国有农场生产经营企业化和社会管理属地化，确保农垦企业按照市场经济规律参与竞争。实践中，将国有农场承担的社会管理和公共服务职能逐步纳入地方政府统一管理。2012 年至今，大多数国有农场公检法、基础教育、基本医疗和公共卫生等办社会职能已移交地方政府。对于远离中心城镇等不具备移交条件的，通过内部分开、管办分离、政府授权、购买服务等方式有序推进社会管理属地化。据统计，2020 年全国农垦企业承担办社会职能支出 44.07 亿元，比 2015 年下降 53.8%，农垦企业的社会负担大幅减轻。第二层是从农场自身改制角度，建立产权清晰、权责明晰、政企分开、管理科学的现代企业制度，把农场改为现代企业主体。实践中，农场企业化的做法包括：一是从传统行政体制逐步走向开放。围绕国家与农场之间、农场与职工之间的经济关系，通过实行财务包干制度、厂长负责制、承包经营责任制改革、恢复“两包三定一奖赔”责任制、实行联产承包责任制、兴办家庭农场等一系列改革经营管理体制和农业经营体制的措施，把国有农场推向市场，按经济规律和价值规律办事。二是从开放逐步迈入规范化发展。农垦在管理体制改革、转换企业经营机制、建立现代企业制度等方面进行改革，主要特点是从开放逐步迈入规范化发展，提出转换企业经营机制，实现农垦现代企业制度试点。三是以制度建设为核心，提升农场企业竞争力。以不断提升农垦农业企业履行国家使命任务的能力为目的，在农场企业经营机制、管理体制方面，坚持农业双层经营体制，提升国有农场统一经营管理和服务能力；确立农场企业化改革主线，积极探索企业化、公司制改制。

三、垦区集团化农场企业化改革的成效及经验

（一）垦区集团化农场企业化改革取得明显成效

作为农垦改革的主线，在党中央、国务院高度重视下，在全国农垦系统共同努力下，垦区集团化农场企业化改革已取得明显成效，农垦企业体制机制不断健全，内生动力、发展活力明显增强。

第一，省级农垦企业集团管理体制和经营机制持续深化。一是以资本为纽带的母子公司管理体制逐步完善。按照资本权利上移、经营责任下移，集团总

部以战略管控和财务管控为主的原则，推进集团总部机构优化调整，推进原农场管理局、管委会、农场公司整合重组改革改制，制定修订相关管理制度，科学界定集团总部与二级公司管理权限，构建起“集团＋产业集团（二级公司）＋农场公司”的三级管理架构。二是现代企业制度逐步完善，公司治理体系和运行机制不断规范。按照《中华人民共和国公司法》（以下简称《公司法》）要求，健全法人治理结构，完善“三会一层”工作机制。突出党委的领导核心、董事会的决策中心、经理层的执行主体职责，建立规范化、专业化和体系化的公司治理结构。此外，农垦企业集团持续完善劳动、人事、分配三项制度改革，规范用工制度，实行全员劳动合同管理，建立考核机制，实现管理人员能上能下，员工能进能出，收入能增能减。

第二，市县级区域性企业集团快速组建。国有农场归属市县管理的垦区农场分布不集中、管理分散，整个垦区资源资产整合难度大。为增强国有农场实力，国有农场归属市县管理的垦区积极推进区域内资源整合，市县级区域性企业集团快速组建。截至 2020 年底，国有农场归属市县管理的垦区组建市县级区域性农垦集团 90 个，比 2015 年增加 73 个，集团化改革取得重大突破。

第三，农场参与市场竞争的外部环境全面改善。按照农场企业化改革中“将农场打造成真正的市场主体”的要求，各地积极推进国有农场社会管理属地化，将国有农场承担的社会管理和公共服务职能纳入地方政府统一管理。截至 2020 年，有改革任务的省域都采取一次性整体移交、分步分项移交、内部分开、管办分离、授权委托、购买服务等多种方式有序推进社会管理属地化。总体来看，公检法、基础教育、基本医疗和公共卫生改革任务基本完成，为企业参与市场竞争创造了良好外部条件。

第四，农场农业经营管理体制机制不断完善。一是农业经营管理体制逐步规范。各地以完善农垦国有土地经营制度和培育新型农业经营主体为重点，加快推进农业经营管理体制创新。大农场统筹小农场的双层经营体制不断完善，各种生产经营形式逐步形成。二是国有农场统一经营管理和服务能力逐渐增强。建立合理的利益联结机制，带动小农户与现代农业有效衔接。黑龙江农垦基于自身农业生产的规模化、机械化、标准化优势，通过投入产品、技术、装备乃至金融保险服务等带动地方提高农业生产力水平，在北大荒农垦集团 9 个分（子）公司所在地、佳木斯市、安徽凤阳县、冀鲁豫等地成立 13 家区域农业综合服务中心，以种子、农资、农机、土地托管等为重点，开展全程农业社会化服务，根据地块的经营情况和农户需求，因地制宜采取“保姆式”全程托管服务，“辅导式”培训服务，“诊所式”科技服务，“抱团式”订单服务，“保障式”信息物流、金融保险服务等多种方式，推动农村粮食增产、农业增效和农民增收。2021 年，黑龙江农垦托管周边乡镇土地面积达到 1 080 万亩，为周边乡镇提供种子 2. 3 万吨、化肥 45 万吨，带动农民 12 万户，为农民节本增收 6. 4 亿元，有效助力了地方现代农业建设。

第五，农场公司制改制有序推进。农场公司制是农场企业化的升级形式，已完成企业化改革的农场可依据《公司法》进行清产核资，将资产、债务、土地权属划转到农场公司名下，原农场企业注销。农场公司成立后，按照现代企业制度要求建立完善的公司制管理体制机制。各垦区因地制宜推进农场公司制改制。集团化垦区农场已基本完成公司制改制，不少农场已纳入集团管理，企业集团与农场公司的母子公司管理体制正在逐步完善。国有农场归属市县管理的垦区大多采取选择规模较大、产业基础较好的农场开展改革试点示范的方式，试点农场取得成效后，积极拓展试点经验，更大范围推行农场公司制改制。福建农垦组织龙海市程溪农场开展公司制改制专项试点，设立国有全资农业公司，农场为总公司，下辖 4 个分公司，以农业为基础推进一二三产业融合发展。农场年产值由 2015 年的5. 13 亿元增长到 2020 年的 8. 56 亿元。截至 2020 年底，已有 12 家国有农场借鉴程溪农场经验实施公司制改制。吉林省以国企改革三年行动为契机，与国企改革同向同力，对省直属的 1 家农场进行改革，直接翻牌成立农业公司，所有的资产、债务、土地权属都划转到农业公司名下，公司按照市场化手段运作，之后将改制成功经验复制到前郭尔罗斯蒙古族自治县 8 家农场改制中。

（二）垦区集团化农场企业化改革经验

回顾改革历程，总结垦区集团化农场企业化改革实践，深刻认识垦区集团化农场企业化改革的历史必然性，把握改革规律，总结基本经验，可为强化农垦企业经营管理提供理论指引。农垦改革实践证明，垦区集团化农场企业化为新时期全面深化农垦改革、提高农垦企业经营管理水平、建设大型现代农业企业集团、培育区域性现代农业企业集团、增强农场经营管理能力等奠定了制度基础。

第一，坚持国有属性，服务大局。农垦是中国特色农业经济体系不可或缺的重要组成部分，与农村集体经济、农户家庭经济、农民合作经济等共同构成中国特色农业经济体系。2015 年全国农垦改革发展电视电话会议指出，农垦改革要始终坚持国有属性，守住决不能把农垦经济改没了、决不能把农业改弱了、决不能把经营规模改小了"三条底线"。新时代农垦发展必须严守底线，农垦企业经营要坚持以农业生产经营为主，走规模化发展道路，构建现代农业产业体系，实现全产业链一体化经营，做大做强农垦经济，更好服务国家战略需要。

第二，坚持社会主义市场经济改革方向。深化农垦市场化改革必须适应市场经济要求，遵循市场经济规律，发挥市场在资源配置中的决定性作用。尊重企业发展规律，推进政企分开、社企分开，使农垦企业逐步成为自主经营、自负盈亏、自担风险、自我约束、自我发展的独立市场主体。新时代农垦企业经营管理要加快建立完善现代企业制度，尤其是大力推进劳动、人事、分配三项制度改革，转换企业经营机制。要完善企业财务管理制度，推进企业各类生产要素依据市场经济规律、市场价格、市场竞争实现最优配置。

第三，坚持农垦作为国有农业经济的骨干和代表的目标定位。始终明确"把农垦建设成保障国家粮食安全和重要农产品有效供给的国家队、中国特色新型农业现代化的示范区"的战略使命，改革农垦生产关系，以更好推动生产力发展。新时代农垦企业经营管理要实现垦区范围内产业资源的优化配置，聚焦主责主业，打造具有农垦特色的农业生产经营模式，实现全产业链融合发展；要发挥农垦企业的科技创新和示范带头作用，加快推进农业信息化建设，发展智慧农业、数字农场；要培育推广农垦品牌，以农垦公共品牌为核心，提升品牌价值。

第四，坚持不断增强企业活力，提高企业竞争力。增强企业活力、提高企业竞争力是农垦企业改革和强化经营管理的出发点和落脚点，是农垦改革应始终坚持的主题主线。农垦改革历程均围绕增强企业活力这一主线开展，财务包干制度，场长、经理负责制扩大了企业的自主经营权，将农垦企业从传统的行政机构附属物中剥离出来，培育竞争活力；实行联产承包责任制、兴办家庭农场、实行"两自理，四到户"，增加了农场企业的自主经营权；三项制度改革、现代企业制度的建立，确立了企业的法人主体地位，为增强企业活力提供了法律保障。新时代农垦改革必须坚持不断地推进体制机制创新，深化经营体制改革，激发企业的内生活力。

第四节 造就一批新时代农垦企业家

企业家是在企业中能独立自主地做出经营决策并承担经营风险的高级管理人才。企业家既是生产的组织者、领导者，又是市场交易中的经营者。与厂长、经理等一般意义上的经营者不同，企业家被赋予了更多创新创业、探索创造的内涵，代表一种素质而不是一种职务，通常为大型企业、大型公司的董事长、总经理，其职责是保证企业有效运转、资产保值增值。

一、企业家精神

企业家在社会经济生活中发挥着重要作用，企业家精神是企业家作为一个特殊群体发挥其社会作用所必备的内在属性，是其价值取向和素质能力的集中体现，是企业重要而特殊的无形生产要素。

（一）企业家精神的内涵

情怀是企业家精神的灵魂。企业具有国别性、地域性、社会性。家国情怀是近代以来我国优秀企业家的光荣传统，爱国情怀是企业家应有的价值追求。企业能走多远，很大程度上取决于企业家的格局和胸襟。企业家要把个人的理想、追求融入伟大实践，优秀企业家必须对民族复兴有崇高的使命感，对国家富强、社会进步、人民幸福有强烈的责任感，主动将企业战略融入国家发展、区域发展、行业发展战略。

创新是企业家精神的核心。创新是引领发展的第一动力，企业家创新活动是推动企业创新发展的关键。熊彼特关于企业家是从事“创造性破坏”的创新者的观点，凸显了企业家精神的实质和特征。一个企业最大的隐患，就是创新精神的消亡。创新是企业家活动的典型特征，从产品创新到技术创新、市场创新、组织形式创新，必须成为企业家的本能。企业家需要长期坚持创新，还要积极倡导有利于改革的激励机制。

诚信是企业家精神的基石。社会主义市场经济是信用经济、法治经济，企业家要同方方面面打交道，调动人、财、物等各种资源，没有诚信寸步难行。诚信是企业家的立身之本，在企业家修炼领导艺术的所有原则中，诚信是绝对不能妥协的原则。没有诚信的商业社会，将充满极大的道德风险，显著抬高交易成本，造成社会资源的巨大浪费。美国经济学家托尔斯坦·本德·凡勃伦（Thorstein B. Veblen）在《企业论》中指出，有远见的企业家非常重视包括诚信在内的商誉。

担当是企业家精神的本色。企业家的使命是做大做强企业，更要承担相应的社会责任。社会是企业家施展才华的舞台，只有真诚回报社会、切实履行社会责任的企业家，才能真正得到社会认可，才是符合时代要求的企业家。作为企业家，必须具备担当精神，积极践行企业社会责任，同时为员工创造良好的生活条件，更要敢于担当和积极投身国家重大战略，为经济发展拓展新空间。

弘扬企业家精神为农垦精神注入新内涵。2015 年党中央、国务院《关于进一步推进农垦改革发展的意见》提出，大力弘扬农垦精神，加强农垦经营管理人才引进和培训，着力培养一批懂市场、善经营、会管理的优秀企业家，造就一支热爱农垦、献身农垦的高素质干部职工队伍。从农垦发展历史范畴来看，“艰苦奋斗，勇于开拓”的农垦精神是农垦企业家精神的内核，是企业家精神的历史渊源。企业家精神建立在农垦精神的基础上，是农垦精神在新时代的延续与发展。一是企业家精神契合农垦精神“艰苦奋斗”的士气。艰苦奋斗是农垦事业生生不息、向前发展的不竭动力和源泉。无论是拓荒时期、改革开放时期，还是如今推进垦区集团化农场企业化改革时期，农垦人面对艰苦环境、改革难题，始终以艰苦奋斗的坚韧状态涉险滩、走荆棘。新时代企业家精神的一个重要内容就是艰苦奋斗。站在新的历史起点，农垦企业家要自觉肩负起新使命、新任务，传承艰苦奋斗的优良作风和敢打必胜的拼搏精神，积极投身于农垦改革发展的伟大实践。二是企业家精神契合农垦精神“勇于开拓”的锐气。农垦人是以开拓者的形象出现在历史舞台上的，一代代农垦人锐意创新、开拓进取，创造了现代农业发展的伟大成果。没有开拓创新，就没有农垦近 80 年来的发展壮大。在新一轮农垦改革中，农垦人敢于创新、善于创新，积极探索资源资产整合、产业优化升级新思路。就企业家精神而言，新时代弘扬企业家精神，必须适应当前农垦改革发展实际，敢于“啃硬骨头”，弘扬和践行老一辈农垦人勇于开拓创新的发展理念，在探寻农垦改革发展道路中，建立富有效率、更加开放、科学发展的体制机制。新的历史时期，农垦企业家更要传承和弘扬农垦精神和优秀企业家精神，服从国家粮食安全发展战略，发挥垦区现代化大农业的独特优势，推动农垦在现代农业、农业国企发展中发挥示范引领作用，持续为农垦精神注入新内涵。

（二）企业家精神是企业核心竞争力的重要来源

现代管理学之父彼得·德鲁克（Reter F. Drucker）认为："所谓公司的核心竞争力，就是指能干别人根本不能做的事，能在逆境中求得生存和发展，能将市场、客户的价值与制造商、供应商融为一体的特殊能力。"企业核心竞争力从某种意义上讲，是企业家精神的一个反映或扩展，体现的正是企业的创新与创造、合作与进取。企业家精神对企业核心竞争力的巨大作用，在一些具有远见卓识和非凡魄力的企业家那里得到集中体现。同时，企业家在企业中的独特地位，决定了企业的核心价值观必然受其重要影响，决定了企业的组织创新、管理创新、价值创新等活动只能由企业家自身承担，决定了企业经营发展的兴衰成败。可以说，企业家在其精神的鼓励下对企业核心竞争力起着关键性保障作用，企业家精神通过企业家自身保障了企业核心竞争力的培育与提升。靠精神凝聚起来的企业人，才能不折不扣、坚定不移地执行企业的每一个决策。企业理念与企业家精神，不但构成企业的内在发展动力，更成为企业的外部发展机遇。企业家的执着事业心、不停息的创新精神和模范合作精神，通过其传递机制发扬光大，最终缔造出企业的核心竞争力。企业家精神是企业核心竞争力的唯一真实来源，一个活跃的市场、土地、劳动者、资本等要素只有在具有企业家精神的人手中，才能在复杂多变的竞争环境中发展壮大起来，才会真正成为财富的源泉。

（三）大力弘扬优秀企业家精神

企业家精神是经济增长的发动机。近年来，企业家精神受重视程度不断提高。党的十九大报告强调，要激发和保护企业家精神。2017 年 9 月，党中央、国务院印发《关于营造企业家健康成长环境弘扬优秀企业家精神更好发挥企业家作用的意见》。这是中央首次以专门文件形式明确企业家精神在我国经济社会发展中的地位和价值，并从国家层面就企业家精神培育的外部环境建设给出了指导性建议。该文件对优秀企业家精神提出“三个弘扬”的要求。第一个弘扬，即弘扬企业家爱国敬业、遵纪守法、艰苦奋斗的精神，引导企业家树立崇高理想信念，强化企业家自觉遵纪守法的意识，鼓励企业家保持艰苦奋斗的精神风貌。爱国敬业是我国企业家群体的基本特质，遵纪守法是企业家安身立命之本，艰苦奋斗是企业家不断取得成功的法宝，这些都是企业家精神的具体体现。第二个弘扬，即弘扬企业家创新发展、专注品质、追求卓越的精神，支持企业家创新发展，引导企业家弘扬工匠精神，支持企业家追求卓越。企业家精神的根本特征是创新精神，体现为提供高品质产品或服务，从而不断追求卓越。第三个弘扬，即弘扬企业家履行责任、敢于担当、服务社会的精神，引导企业家主动履行社会责任，鼓励企业家干事担当，引导企业家积极投身国家重大战略。企业家不仅是经济活动的重要主体，而且在社会发展中也具有重要的示范引领作用，应当在履行责任、敢于担当、服务社会等方面，发挥相应的作用。文件对新时代弘扬优秀企业家精神、更好发挥企业家作用、造就优秀企业家队伍、强化年轻一代企业家培育，做出了整体安排和部署，体现了党中央、国务院对企业家队伍的高度重视和殷切期望，标志着对优秀企业家精神的保护和弘扬进入了一个崭新阶段。文件精神的贯彻落实，必将对培育和壮大我国企业家队伍，更好地调动广大企业家积极性、主动性、创造性产生重大而深远的影响。

二、培养造就一批新时代农垦企业家队伍

（一）新时代农垦改革发展亟须培育一批企业家队伍

推进农垦改革是党中央、国务院做出的重大决策部署。深入推进农垦农业供给侧结构性改革、发展现代化大农业，发挥农垦在质量兴农、绿色兴农、品牌建设上的示范引领作用，亟须抓紧培育一批现代经营管理人才，尤其是优秀的农垦企业家队伍、素质能力突出的职业经理人。当前，各垦区以垦区集团化农场企业化为主线深入推进农垦改革，积极建立健全适应市场经济要求、充满活力、富有效率的管理体制和经营机制。省级层面，已组建企业集团的垦区逐步深化改革，内生动力、发展活力日渐增强；国有农场中归属市县管理的垦区

区域集团化改革取得重要进展，一批具有国际竞争力的现代农业企业集团不断涌现。国有农场层面，在推进政企分开、社企分开的基础上，各垦区国有农场积极推进企业化改革、公司制改制。打造更加与市场接轨的农垦市场主体，持续推进农垦改革进程，需要持续培养作风硬、业务精、善开拓的农垦经营管理人才队伍。可以说，农垦经营管理人才对促进农垦改革发展不断向前推进具有重要意义，是保证垦区持续健康、稳定发展的重要力量。

（二）新时代农垦改革发展对企业家能力素质提出新要求

农垦是国有农业经济的骨干和代表，是推进中国特色新型农业现代化的重要力量，承担着保障国家粮食安全和重要农产品有效供给的使命责任，要求农垦企业家、经营管理人员主动融入国家宏观发展战略、现代农业发展目标。当前，按照完善中国特色现代企业制度的要求，各垦区正着力完善以资本为纽带的集团化体制机制，不断提升农垦企业法人治理、经营管理能力。这就要求农垦经营管理队伍以打造符合中国特色现代企业制度要求、具有国际竞争力的现代农业企业集团为着力点，突出高质量发展，进一步创新完善农垦体制机制和现代企业制度，进一步发展壮大农垦大基地、大企业、大产业，进一步培育强化农垦市场影响力、国际竞争力，不断提高农垦服务国家粮食安全、重要农产品有效供给的综合实力，发挥好在实施乡村振兴战略中的国家骨干作用。这就要求农垦企业家不仅要有市场思维、法治理念、创新精神，更要有战略眼光、国际视野、改革精神，善于在产业、品牌、人力、资本、技术、管理等方面进行创新，整合各种生产要素，发挥最大的生产力，取得更大的经济效益，带领农垦企业走出一条有中国特色的市场化国企经营道路，探索具有农垦特色的农业企业经营模式，不断提升农垦企业的核心竞争力。

（三）新时代农垦企业家应具备的能力素质

推进农垦改革发展、提升农垦企业经营管理水平，最终的执行者和驱动力是人才。

一是农垦企业经营管理人才要有战略思维。优秀企业家也是一名战略家，应具备独特的战略眼光和战略思维，能够在准确掌握企业面临的内外部环境信息的基础上，分析企业的优势、劣势、机会和风险，从而制定企业的经营战略，赢得竞争优势。农垦系统是农业“国家队”，农垦企业家更要善于主动融入国家战略、服务国家战略，强化战略领导、抢抓发展机遇。

二是农垦企业经营管理人才要引领现代企业制度建设。垦区集团化农场企业化改革的主要目标是建立和完善现代企业制度，这是一项复杂、系统的工程，对缺乏现代企业管理经验的农垦企业管理者来说，这是一项必须完成的艰巨任务。

三是农垦企业经营管理人才要善于建立并完善经营管理机制。农垦企业大多直接从事农业生产，涉及生产基地建设、农资采购、生产加工、质量管控、社会化服务等全产业链管理的各个环节。农垦企业家需要了解这些过程，才能全面掌握农垦企业特点。

四是农垦企业经营管理人才要善于对接市场。产品只有投入市场才能实现价值。品牌建设、市场营销能力体现基本的市场洞察力、信息捕捉力、产品构造力，是农垦企业家应具备的基本市场运营素质。

五是农垦企业经营管理人才要能有效规避财务风险。农垦企业作为农业行业中的国有企业，在投融资管理、资本运营、财务审计方面更加严格。具备基本的财务管理知识，有助于农垦企业家更好地进行财务决策、控制财务风险。

六是农垦企业经营管理人才要善于领导团队。了解人力资源管理知识，有助于农垦企业家识人、用人、选拔人才、建设队伍。

七是农垦企业经营管理人才要善于对接和应用前沿技术。科技是第一生产力，是创新的重要驱动力。农垦企业家只有了解产学研用基本链条、提升农业科技贡献率，才能更好地强化农垦科技创新和示范带动作用。

第二章
农垦企业战略管理

第一节　企业战略管理概述

一、企业战略管理的概念及特征

（一）企业战略管理的概念

企业战略管理是指为实现企业的使命和战略目标，科学地分析企业的内外部环境与条件，制定战略决策，评估、选择并实施战略方案，控制战略绩效的动态管理过程。

企业战略一般分为总体战略、业务单位战略和职能战略三个层次。

1. 总体战略

又称企业层战略。在大中型企业特别是多种经营的企业里，总体战略是最高层次的战略。它需要根据企业的目标，选择企业可以竞争的经营领域，合理配置企业经营所必需的资源，使各项经营业务相互支持、相互协调。总体战略常常涉及整个企业的财务结构和组织结构，包括发展战略、稳定战略、收缩战略三种基本类型。

2. 业务单位战略

企业的二级战略，又称竞争战略。业务单位战略涉及各业务单位的经理以及辅助人员。这些经理人员的主要任务是将企业战略所包括的企业目标、发展方向和措施具体化，形成本业务单位具体的竞争与经营战略。业务单位战略要针对不断变化的外部环境，在各自的经营领域中有效竞争。为了保证企业的竞争优势，各经营单位要有效地控制资源的分配和使用。业务单位战略包括基本竞争战略、中小企业的竞争战略、蓝海战略三个部分。

对于一家单一业务企业来说，总体战略和业务单位战略是合二为一的；只有对业务多元化的企业来说，总体战略和业务单位战略的区分才有意义。

3. 职能战略

又称职能层战略。包括市场营销战略、生产运营战略、研究与开发战略、人力资源战略、财务战略等多个职能部门的战略。主要涉及企业内各职能部门，如生产、营销、研发、人力资源、财务、信息技术等，主要任务是如何更好地配置企业内部资源，为其他各级战略服务，提高组织效率。各职能部门的主要任务不同，关键变量也不同。即使在同一职能部门里，关键变量的重要性也因经营条件不同而有所变化，因而难以归纳出一般性的职能战略。在职能战略中，协同作用具有非常重要的意义。这种协同作用首先体现在单个的职能中各种活动的协调性与一致性上，其次体现在各个不同职能战略和业务流程或活动之间的协调性与一致性上。

总体战略倾向于总体价值取向，属于一种抽象概念，主要由企业高层管理者牵头制定。业务单位战略就本业务部门的某一具体业务进行战略规划，主要由业务部门领导层负责制定。职能战略主要涉及具体执行和操作问题。三个层次的战略都是企业战略的重要组成部分，但侧重点和影响的范围有所不同。

（二）企业战略管理的特征

与传统的职能管理相比，企业战略管理具有如下特征。

1. 战略管理是企业的综合性管理

战略管理为企业的发展指明基本方向和前进道路，是各项管理活动的精髓。战略管理的对象不仅包括研究开发、生产、人力资源、财务、市场营销等具体职能战略，还包括统领各项职能战略的竞争战略和公司层战略。战略管理是一项涉及企业所有管理部门、业务单位及所有相关因素的管理活动。

2. 战略管理是企业的高层次管理

战略管理的核心是对企业现在及未来的整体经营活动进行规划和管理，关系到企业长远生存发展。战略管理追求的不仅是眼前财富的积累，更关注企业长期健康稳定的发展和长久的竞争力。与企业的日常管理和职能管理不同，战略管理必须由企业的高层领导来推动和实施。

3. 战略管理是企业的动态性管理

战略管理的目的是依据企业内部条件和外部因素制定并实施战略决策和战略方案，以实现战略目标。而企业的内外部条件和因素总是不断变化的。企业实施战略管理必须及时了解、研究和应对变化的情况，对战略进行必要的修正，确保战略目标的实现。因此，企业战略管理活动应具有动态性，即适应企业内外部各种条件和因素的变化，进行适当调整或变更。

4. 战略管理是企业的风险性管理

企业战略为企业的发展明确了方向，便于企业齐心协力的前进，但企业战略是一把“双刃剑”，也隐含着风险。其风险来源于三个方面：一是企业根据自己的历史和当前状态所作出的判断与决策是否正确；二是企业在未来战略管理期间所面对的环境变化产生的不确定因素的多少和影响程度大小；三是企业面对环境变化时自身适应能力的强弱。企业作出任何一项决策都存在风险，战略决策也不例外。市场研究深入，行业发展趋势预测准确，设立的远景目标客观，各战略阶段人、财、物等资源调配得当，战略形态选择科学，制定的战略就能引导企业健康、快速地发展。反之，仅凭个人主观判断市场、设立的目标过于理想或对行业的发展趋势预测出现偏差，制定的战略就会产生管理误导，甚至给企业带来破产的风险。

二、企业战略管理过程

战略管理包含三个关键要素：战略分析，了解组织所处的环境和相对竞争地位；战略选择，战略制定、评价和选择；战略实施，采取措施使战略发挥作用。

（一）战略分析

战略分析的主要目的是评价影响企业目前和今后发展的关键因素，并确定在战略选择步骤中的具体影响因素。战略分析中，企业需要准确评估当前状况，分析所处的内外部环境，找出企业存在的问题，确定和修正今后的发展目标，制订出更符合企业内外部客观环境的实施计划。进行充分、全面的战略分析需要从以下三方面入手。

1. 分析企业外部环境

外部环境包括两个方面，即宏观环境和微观环境。宏观环境也就是人们通常说的大环境，涉及如政治和法律因素、经济因素、社会和文化因素、技术因素等；微观环境包括产业环境和竞争环境，指的是同类企业情况，涉及如生产、销售及发展变化等诸多因素，与企业利益相关联的人或企业的要求，以及这些利益相关者对战略制定、评价和实施过程的态度，这种态度对企业的组织行为将会产生何种影响或制约。通过战略分析，企业负责人要了解企业所处的环境正在或即将发生哪些变化，而这些变化将会对企业产生何种影响，是为企业发展提供了更多的机遇，抑或是对企业产生了威胁。

2. 分析企业内部环境

内部环境分析可以从企业的资源与能力、企业的核心竞争力等方面展开。企业资源主要包括有形资源、无形资源和人力资源。企业的能力主要包括研发能力、生产管理能力、营销能力、财务能力和组织管理能力。通过企业内部环境分析，企业要了解自身所处的相对地位，具有哪些资源以及战略能力。

3. SWOT 分析

SWOT 分析是一种综合考虑企业内部条件和外部环境的各种因素进行系统评价，从而选择最佳战略的方法。企业内部的优势（Strengths)、劣势(Weakness）是相对于竞争对手而言的，一般表现为资金、技术设备、员工素质、产品、市场、管理技能等方面。判断企业内部的优势和劣势一般有两项标准：一是单项的优势和劣势。例如，企业资金雄厚，则在资金上占优势；市场占有率低，则在市场上处于劣势。二是综合的优势和劣势。评估企业的综合优势和劣势时，应选定一些重要因素加以评价打分，然后根据其重要程度按加权平均法确定。企业外部环境中的机会（Opportunities）是指环境中对企业有利的因素，如政府支持、高新技术的应用、良好的与购买者和供应者的关系等。企业外部环境中的威胁（Threats）是指环境中对企业不利的因素，如新竞争对手的出现、市场增长缓慢、购买者和供应者讨价还价能力增强等。

（二）战略选择

战略分析阶段明确了“企业目前处于什么位置”，战略选择阶段所要回答的问题是“企业向何处发展”。

战略选择包括三个步骤。第一步，制定战略选择方案。制定战略规划时，需要制定几种战略方案供选择；制定战略方案时要充分实行民主集中制。根据管理人员的不同层次和介入战略分析的深度、战略选择工作的程度，战略选择方案通常有三种产生形式：一是自上而下。企业总部高层管理人员根据掌握的信息，制定企业总体战略，自上而下交给下属各部门，然后各部门依据实际情况，将总部的总体战略具体化，形成系统的战略方案。二是自下而上。在制定战略时，企业总部最高管理层对下属部门不做任何硬性要求，而是要求下属各部门积极提交战略方案。企业总部最高管理层在各部门提交的战略方案基础上，根据企业任务和目标，通过协调平衡，对各部门战略方案进行必要的修改和完善，然后加以确认。三是上下结合。战略方案制定由企业高层管理人员与下属各部门管理人员共同参与。在制定战略方案时，上下级管理人员进行必要的沟通与磋商，找出一种较为适宜的方案作为战略方案。三种战略方案形成方式的主要区别在于战略制定中对集权与分权的把握，共通的是都发挥了民主集中制，充分发挥了企业各部门、中下层管理人员的积极性。企业可以从对企业整体目标的保障、对中下层管理人员积极性的发挥以及对企业各部门战略方案的协调等多个角度考虑，选择适宜的战略制定方法。

第二步，评估战略备选方案。战略方案制定出来并不是立即实施，而是需要评估的。企业在评估所有备选方案时需要考虑两个因素，一是适宜性。战略方案是不是能够最大限度发挥企业优势，有效降低劣势；是不是合理及时地利用了机会，最大程度减弱不利因素的影响；是否有助于企业实现目标。二是可接受性。考虑选择的战略方案能否被企业利益相关者所接受、认同。实际上并不存在最佳的、符合各方利益相关者要求的统一标准，利益相关者们的不同价值观和期望在很大程度上影响着战略方案的选择。需要指出的是，无论怎样充分客观，战略方案都不可能完美无缺，完善是相对的。实事求是，根据客观情况加以评估，才是正确的原则。战略评估的归结点最终要落到战略收益、风险和可行性分析上。

第三步，选择最后的战略方案。即确定准备实施的战略。评估者在战略方案评估过程中可能产生意见分歧，认识不统一。企业负责人可以考虑采取以下方法解决：一是根据企业目标选择战略。企业目标是企业使命的具体体现，因此，选择对实现企业目标最有利的战略方案。二是提交上级管理部门审批。对于中下层机构的战略方案，提交上级管理部门审批能够使最终选择的方案更加符合企业整体战略目标。三是听取外部权威机构或人士的意见。外部权威机构或人士，作为局外人，不带有偏见，可以凭借广博的知识、丰富的经验，提出中肯的、客观的意见或建议，从而避免战略选择的主观性。四是有组织地系统研究企业的战略政策和规划。

（三）战略实施

战略方案通过实施实现，战略实施将战略转化为行动。战略实施要解决以下几个主要问题。

1. 确定和建立一个有效的组织结构

确定组织结构，涉及如何分配企业内的工作职责范围和决策权力，如企业的管理结构是高长型还是扁平型；决策权力是集中还是分散；企业的组织结构类型能否适应公司战略的定位等。

2. 保证人员和制度的有效管理

人力资源和科学的管理体制关系到战略实施的成功与失败。

3. 正确处理和协调公司内部各种关系

企业内部各种团体有其各自的利益要求和目标，而许多要求是互相冲突的，这些冲突会导致各种争斗和结盟。在企业战略实施过程中必须正确把握和对待各种关系。

4. 选择适当的组织协调和控制系统

战略实施离不开企业内各单位的集体行动和协调，企业必须确定采用什么标准来评价各下属单位的效益，控制其行动。

5. 协调好战略、结构、文化和控制诸方面的关系

为保证企业战略目标的实现创造和谐的氛围。

战略管理不是一次性的工作，而是一个循环的过程。企业要不断监控和评价战略的实施过程，修正原来的分析、选择与实施工作。

企业战略管理的实践表明，战略制定固然重要，战略实施也同样重要。制定一个良好的战略仅仅是保证战略成功的一部分，只有有效实施这一战略，企业的战略目标才能够顺利实现。如果一个良好战略的贯彻实施很差，就只会导致事与愿违甚至失败的结果。相反，如果企业没能制定出完善而合适的战略，但是在战略实施过程中，能够克服原有战略的不足之处，那么就有可能最终推进该战略的完善与成功。

第二节　农垦企业战略选择与实施

一、农垦企业的特殊使命和独特属性影响战略选择

（一）农垦企业的特殊使命决定战略选择方向

农垦是国有农业经济的骨干和代表，是我国农业农村经济的重要组成部分，是推进中国特色新型农业现代化的重要力量。农垦应党的革命需要而生，在多年的改革、发展、建设历程中，一代代农垦人战天斗地、锐意创新、开拓进取，创造了现代农业发展的伟大成果。中国农垦事业的发展历史，就是一部服从国家战略需要，艰苦奋斗、勇于开拓的历史。自成立之初，农垦就为保障国家战略物资供应、屯垦戍边作出了重要贡献。改革开放以来，农垦乘着改革开放东风，自觉承担起推进农业现代化的重大历史使命，坚持以发展为第一要务，勇于探索、大胆实践，积极推进体制机制改革创新，不断提高对外开放水平，逐步探索出了一条现代农业发展之路，在国有农业企业、农业农村改革发展中起到了示范作用。

党中央、国务院《关于进一步推进农垦改革发展的意见》指出，新形势下农垦承担着更加重要的历史使命。当前和今后一个时期，我国农业发展资源环境约束不断加大，国际农业竞争日趋激烈，保障国家粮食安全和重要农产品有效供给的任务更加艰巨，维护边疆和谐稳定的形势更加复杂。农垦农业生产经营规模化水平较高，综合生产能力强，农产品商品率高，科技成果推广应用、物质装备条件、农产品质量安全水平、农业对外合作等走在全国前列，一些国有农场位于边境地区，在国家战略全局中的作用更加突出。农垦必须适应新形势新要求推进改革发展，努力建设成为保障国家粮食安全和重要农产品有效供

给的“国家队”、中国特色新型农业现代化的示范区、农业对外合作的排头兵、安边固疆的稳定器。当前，在中国经济转变为以“国内大循环为主、国内国际双循环共同发展”的新格局下，随着乡村振兴战略的实施，农业的基础地位更加显现。新时代的农垦企业更应以服务国家战略为根本使命，既考虑农业企业的行业属性，又考虑国有企业的特殊性，选择体现农垦身份地位、符合农垦特点的企业发展战略，主动将企业发展战略融入区域发展、国家发展战略，在企业使命、愿景、核心价值观中体现国有农业企业的发展使命和“国家队”责任担当。

（二）农垦企业的独特属性影响战略选择策略

一是国有经济属性决定了农垦企业需服务国家战略需要。坚持服务国家战略，这是农垦存在与发展的基本前提和条件。《关于进一步推进农垦改革发展的意见》明确指出，农垦要坚持国有属性，服务大局，围绕发挥国有经济主导作用，完善国有农业经济实现形式，以农业生产经营为主，走规模化发展道路，构建现代农业经营体系，促进一二三产业融合发展，做大做强农垦经济，更好服务国家战略需要。全面增强农垦内生动力、发展活力、整体实力，切实发挥农垦在现代农业建设中的骨干引领作用，要深刻认识新时代农垦的特殊地位和重要作用，以此为根本指针制定总体战略、竞争战略、职能战略，并明确底线要求。稳妥推进混合所有制改革，按照国家关于农垦改革、国企改革系列文件精神，进一步盘活放大农垦国有资本，底线是确保对企业（包括上市公司）的控股权。农垦国有资产数量大、分布广、类型多，必须切实加强对农垦企业国有资产的监督、运营和管理，确保在产权多元化改革过程中不会造成国有资产流失。要加强农垦企业最重要的生产要素——国有土地资产化资本化的风险防控，守住决不能把国有经济改没了、决不能把农业改弱了、决不能把规模改小了的“三条底线”，切实加强土地要素进入市场和进行市场运作全过程的风险管理。唯有牢牢把握国有经济、国有农业这一根本，才能确保农垦企业在实现发展战略中更好地服务国家战略，并始终成为国家在关键时刻抓得住、用得上的重要力量。

二是资源要素特点决定了农垦企业主导产业的战略选择。农垦自开辟建设以来，基于得天独厚的国有土地资源、高度组织计划的管理体制，形成了以农业发展为主、农业特色突出的产业特色和产业结构。近年来，农垦无论在规模化经营水平、综合生产能力、农产品商品率方面，还是在科技成果推广应用、农产品质量安全、农业对外合作等方面都有显著的提高，展现了发展现代农业产业、农业全产业链的整体优势，在保障国家粮食安全和重要农产品有效供给、新型农业现代化示范引领、农垦品牌建设与发展方面的作用得到进一步彰显。根据研究数据，从现在起到 2035 年基本实现现代化期间，我国主要农产品供需将始终处于紧平衡状态，现阶段的主要矛盾是如何努力避免食物自给率的进一步下滑，着眼点在于保供。肉禽蛋奶等高质量蛋白食品及大豆、玉米等基质产品的产销矛盾更为突出。为确保粮食安全和重要农产品有效供给，作为农业“国家队”，农垦企业必须充分发挥土地资源富集、规模化经营优势，坚持将农业作为主导产业，进一步发展壮大农垦大基地、大企业、大产业，培育强化农垦市场影响力，在种源安全、粮食安全中发挥更强主导作用，不断提高服务国家粮食安全和重要农产品有效供给的综合实力，在端稳中国饭碗中发挥关键作用，进一步增强现代农业发展水平，在乡村振兴战略实施中起到示范引领作用。农垦作为国有农业经济的骨干和代表，不仅要坚持以农为本，构建现代农业全产业链，而且要持续提升农业国际竞争力、话语权。

二、农垦企业战略选择的内外部环境分析

农业农村问题关系国计民生，始终是国之大者。党中央、国务院高度重视“三农”工作，党的十九大作出了实施乡村振兴战略的重大决策部署。随着乡村振兴战略的推进，国家更加重视农业产业化发展、涉农市场主体的培育。针对各类涉农主体发展，尤其是新型农业经营主体的发展，国家在政策惠农、财政补农、金融支农等方面出台了系列措施，中央各部委和地方各级政府持续加大惠农资金投入，引导和撬动更多社会资源、要素向农业农村领域汇聚，为各类涉农市场主体、新型农业经营主体、农业龙头企业提供更多支持，为农业企业发展营造了良好的政策环境。但就农垦企业自身而言，还面临相当多的挑战。

外部环境分析是战略制定的起点，包括宏观环境、行业环境与竞争环境三个层次。从宏观环境来看，粮食、能源、贸易与金融等不确定的因素在增多，

世界经济政治格局正在快速变化，对我国经济发展带来严峻挑战。不少国内领先垦区集团虽然在现代农业发展中发挥了示范引领作用，但粮食产业无法与“ABCD”国际四大粮商以及中粮等央企匹敌，市场占有率、品牌影响力和国际竞争力存在很大差距。行业环境方面，主要考虑战略群体或战略群组，即一个行业中具有相同或相似竞争手段、市场地位和发展战略的竞争对手组合而成的群体。任何一个产业的内部都会有众多的企业，这些企业在制定各自战略的时候，彼此之间有可能会采用相似的战略。在理论研究领域，有学者提出可以根据一个产业内部不同企业制定战略的相似性，进行企业重新组合；在同一个群体的企业所制定的战略具有极高的相似性，来自不同群体的企业所制定的战略差异性会比较明显。经过这样组合之后，在理论上就把组合出来的每一个由不同个体、企业组成的群体称为战略群体或战略群组。战略群体或战略群组作为一种分析模型，可以用来分析行业内竞争情况，通过对行业环境的分析来了解竞争环境。在农业领域，也可以通过战略群体或战略群组模型对农垦企业的行业环境、竞争环境进行分析，分析对象主要是各地农业企业，尤其是产业化龙头企业。随着乡村振兴战略的实施，各地农业产业化龙头企业进入快速发展的新阶段，通过优化产品结构、强化质量管理、创建知名品牌，进一步提升了农业产业化经营水平。根据农业农村部第九次监测合格农业产业化国家重点龙头企业的统计（数据截至 2020 年底），我国合格农业产业化国家重点龙头企业共有 1 120 家。国家重点农业产业化龙头企业主要分布在东部沿海地区和传统农业大省，对产业发展带动作用明显，对周边地区经济辐射力强，展现出较强的发展活力、竞争力。它们与农垦企业相似，具有聚焦地域性优势特色农业产业，通过整合资源、强化主导、联合互促的战略来发展的特点，因此构成了农垦企业的主要战略群体或战略群组。在这样的大背景下，农垦企业亟须进一步厘清发展思路、理顺体制机制、明确发展方向，制定更加清晰的发展战略、更有效的发展规划，不断提升市场竞争力、核心竞争力，更好践行职责使命。

从内部环境来看，制约农垦企业高质量发展的因素主要体现在以下几方面：一是不平衡性。当前，各垦区的要素资源和经济发展水平差异极大，整体而言，综合实力较高的农垦企业集中在几个城市化较快和资源比较丰富的垦区，大多垦区不具备区域竞争实力，尤其是归属市县管理的垦区，经济水平、资源利用水平、组织化程度都较为落后。从农垦企业来看，一些农垦企业产业链、供应链、价值链衔接不紧密，产业多而不优，规模大而不强，营收高但利润少；有些农垦企业科研投入少，成果转化率低，创新发展能力不足，自立自强的战略缺乏支撑动力；有的农垦企业产品缺乏知名度，品牌号召力不强。二是产业结构经济效益不高。数据显示，全国农垦粮、棉、油、糖、果、蛋、奶产品基本以原料和初级产品形式实现销售，农产品的深加工和食品制造比重不高。2020 年末，农垦农业总产值中的一二三产之比为 24.0∶39.7∶36.3，农产品加工比例只占 39.7%。三是科技投入低。2020 年度，全国各垦区科研单位有 177 家，从事科研工作的人员有近 1.4 万人，研发投入为 41.85 亿元，占全国农垦总收入的 0.3%，农垦企业集团研发投入强度系数为 0.6，非省级集团研发投入强度系数是 0.14，远低于央企和其他国有企业的平均水平。科技投入不足，导致可持续发展的后劲不足。四是人才缺乏。人才是事业发展的引擎。相对而言，农业行业对年轻人缺乏吸引力，加之大部分国有农场分布于边远区域，导致农垦企业人才流动性大。目前来看，农垦的一些主导产业人才比重还低于同类民营企业，特别是一些老少边农场，人才严重青黄不接；人才匮乏带来的是管理水平落后于时代发展。五是国际化程度不高。农垦作为“国家队”，近年来虽在推进与“一带一路”沿线国家合作、服务国家外交大局中发挥了重要作用，但农业“走出去”步伐仍相对迟缓。多数农垦企业在全球农业产业发展中几乎没有话语权，影响力、竞争力较弱，距离形成农业航母还有相当大的差距。农垦企业和农垦系统只有更好地在顶层设计方面捋顺发展方向、在战略层面做好有效设计规划，以优势补足劣势，才能更好地实现整体的高质量发展。

三、牢牢把握农垦企业战略实施方向和原则

（一）农垦企业战略实施要掌握的三个方向

一是围绕“国”字扬优势。党中央高度重视农垦事业发展。习近平总书记在主持中央全面深化改革领导小组第 17 次会议审定《关于进一步推进农垦改革发展的意见》和两次到黑龙江考察时都强调指出，要深化农垦体制改革，加快建设现代农业大基地、大企业、大产业，全面增强内生动力、发展活力、整

体实力，更好发挥农垦在现代农业建设中的骨干引领作用。农垦是国有农业经济的骨干和代表，农垦企业是“国企中的农企，农业中的国企”，在行业领域享受专门的政策指导，具有一定的政策优势，在管理体制中体现出强大的组织能力、监管能力，这些制度优势赋予了农垦独特的发展优势。农垦企业要充分抓住“国”字号农业企业的优势，善于借势而谋、借势而为，进一步将制度优势转化为生产力优势。制度组织优势还体现为党对国有企业的领导，坚持全面加强党的领导是确保农垦改革发展始终沿着正确方向前进、确保农垦企业始终把稳战略方向的思想基础和组织保证。充分发挥国有企业党的领导和组织优势，就要做到在农垦企业中党的基层组织全覆盖，加强党对农垦企业重大战略决策、重要经济活动的前置把关和审议决策，将制度组织优势转化为企业效能。

二是围绕“农”字做文章。更好服务国家粮食安全和重要农产品有效供给，要求农垦企业始终牢记和强化以农为本的发展使命，在产业战略发展中注重通过优化产业结构、调优产品结构、延长产业链、加强价值链来推进农垦企业高质量发展。农垦农场多处于江湖河畔、山岭腹地、偏远边陲，曾经的经济劣势正在转化为全面发展的优势。许多农场已经成为生产有机、绿色、安全农产品的天然场所，是发展高端农业、休闲农业、农旅结合的绝佳地。要注重发挥生态优势，加快发展农业特色产业，促进一二三产业融合。同时加快补齐短板，加强农场农田水利等公用基础设施建设，修复生态保障能力，巩固夯实农垦农业产业发展基础，因地制宜发展粮食、棉花、种源、乳业、肉业、橡胶及食品加工等产业。要管好、用好国有土地，尤其是国有农用地和耕地这一农垦最重要的生产要素，将国有土地管理利用政策要求体现在企业战略制定中，坚决防止“非农化”“非粮化”倾向。

三是围绕“合”字聚合力。农垦与农村地区有所区别，但又有相似的社会形态，垦区、农垦企业的发展关系到区域经济发展，与农垦职工、垦区居民生活紧密相关。要稳妥处理好企业与国家、企业与地方、企业和职工的利益关系，在企业发展战略制定、规划制定、年度计划制定和实施中，注重征询上级单位、相关部门、干部职工的意见建议，积极争取政策支持，着力解决突出矛盾，确保社会稳定、生产稳定、干部职工队伍稳定，为农垦企业发展营造良好的内外部环境和条件。积极推进全国农垦企业协同合作和联合联盟联营，依托大基地建设，推进产业分工、专业协作、平台建设，加快种养加企业优势集聚和合力发展。

（二）农垦企业战略实施应把握的四大原则

一是立足资源禀赋，因地制宜。现阶段，不同垦区和国有农场的管理体制、资源禀赋、发展水平具有较大差异性，所处区域的经济发展水平和产业情况也不尽相同。各垦区主要农垦企业制定发展战略时，要充分考虑区域发展特点、当地资源禀赋，以确定企业发展定位。土地资源条件好的垦区可以粮食和农产品加工为主导；一线城市农垦企业可以主打城市农副食品提供商、三产融合农业，主攻食品加工和市场的保供布局；农业特色优势产业突出的垦区可以进一步聚焦优势农产品，调整优化产业结构、提升比较效益。

二是统筹改革发展，紧抓机遇。农垦几十年的发展历程就是一部农垦改革史。生产力和生产关系的相互作用，加之农垦系统具有国有资产占主导地位的特点，决定了随着社会主义市场经济的完善和发展，改革将始终贯穿农垦发展进程中。当前，各垦区正在推进集团化农场企业化改革，农垦企业实施发展战略，既要善于顺势而为，积极推进改革，增强动力、激发活力，又要注重统筹改革与发展，借势动态调整发展战略，更好实现企业战略与垦区发展战略、区域发展战略、农业产业发展规划的协同。

三是坚持分类施策，提升竞争力。目前，各地垦区农场大部分实行了公司制改革。各垦区企业发展条件不同，同一个垦区内，产业发展特点不同，其企业组成和结构也不尽相同，基本分为企业集团、集团产业公司、农场公司（生产基地）三类。要充分考虑区域特点、地理位置特点及公司层级属性、组织定位、资源优势，来制定发展战略。

四是注重垦地融合、区域协同。农垦企业发展战略只有更好地融入地方发展、区域发展，才能获得长远发展、可持续发展。要充分发挥农垦资源、资本、技术等优势，加强与地方县域、乡村的合作，推动形成农垦生产力新布局。完善农业社会化服务体系，提升全产业链服务水平，以农垦现代农业生产方式和经营管理模式示范引导乡村产业转型升级。要找准地方发展的切入点，主动以符合当地经济及自身发展特点的创新模式来整体推进农垦融入区域发展的步伐，以共赢为目标，实现由“垦地合作”向“垦地融合”发展。

（三）农垦企业战略实施的重点内容

在明确企业战略实施的整体方向、基本原则，确定企业愿景和使命的基础上，农垦企业要进一步围绕发展重点和关键领域建立企业战略目标体系、考评体系。重点在以下方面做好战略规划。

一是产业发展战略。要立足垦区资源禀赋、区域产业特点选择产业发展战略，重在增强系统效应，形成整体竞争优势。围绕巩固提升一产、拓展强化二产、大力发展三产，实施农垦国际大粮商战略。建设农垦现代农业示范区和产业融合先导区，推进农产品加工转型升级，加强流通体系建设，建立健全服务体系，促进一二三产业深度融合。

二是品牌营销战略。实施品牌强企发展战略。要充分抓住当前互联网消费特点，抓住营销市场渠道变化，设计适合企业特点的营销模式和渠道。要以放为主、统放结合，重点管好涉及企业信誉、产品质量、资金安全的工作，加快营销服务终端股权多元化改革，激活市场终端。要主动介入全国大市场供应链的商业布局，引领农垦产品在更深更广的地区拓展市场空间。

三是联合、联盟、联营战略。立足自身优势、产业特点、区域位置，加强与垦区企业的联合、联盟、联营及股份合作，以各垦区龙头企业为骨干，吸引不同所有制、不同规模和产业链分工的企业形成产业联盟，增强产业链协同效应。

四是人才强企战略。企业的人力资本是所有竞争优势的来源，也是企业战略实施的根本保障。要把农垦精神与新时代要求紧密结合起来，以文化为魂打造履职担当一流队伍，培育造就一大批乐于献身农垦事业的接班人。要尊重和保护企业家勇于创新、敢为人先、务实求真的精神，支持企业家揭牌挂帅，带队伍、建平台，把企业打造成为强大的技术创新主体。

五是科技兴企战略。要加强农垦科技创新能力建设，不断加大研发投入力度，强化农业科技攻关，着力解决重大共性关键技术和产品、设施装备难题，培育战略性新兴产业。加强科技研发投入，加强与科研院所的科研合作，产学研用有机结合，建立开放融合的科技创新体系。

六是国际化战略。要适应国家对外开放新战略，立足国内产业基础，统筹规划对外合作重点，更好地发挥农垦企业在农业对外合作中的示范引领作用。

要有序扩大国际合作，以共建“一带一路”为重点，积极争取承担国家农业援外项目，发挥农垦“走出去”优势，参与国际竞争，为国家粮食安全和国际大循环服务。

企业战略的实施离不开强有力的企业制度。农垦企业要进一步将党的领导融入企业发展，不断完善现代企业法人治理结构，不断完善“三重一大”的议事决策、党内监督和民主监督，充分保证重大战略项目的落地和执行。

第三节 企业战略管理案例

案例一：苏垦农发一体化经营战略管理

2017 年 5 月 15 日，江苏省农垦农业发展股份有限公司（以下简称苏垦农发）在上交所主板挂牌上市，是中央农垦改革发展文件出台后的全国农垦首家上市企业。企业使命是“引领现代农业 奉献安全食品”，企业愿景是“成为国内一流、享誉国际的农业全产业链领军企业”，核心价值观确定为“创新协作 奉献 超越”，企业精神是“根植大地 锐意进取 共享成长”。

苏垦农发依托覆盖全省多个地级市的自主经营的 120 万亩农田基地，坚持以种业、米业、粮油为主，以农服为保障，多产并举的纵向一体化全产业链发展战略，立足现代农业，精准布局高附加值产业领域，从研发、生产、加工、销售到农业社会化服务的一体化经营，构建现代农业产业体系。

种业研发板块。子公司江苏省大华种业集团有限公司（以下简称大华种业）建立了育种研究院。大华种业依托公司所属农场的土地资源，已建成高标准繁种基地 60 万亩，对种子生产实行“统一连片布局、统一资料供应、统一技术措施、统一机械作业、统一质量标准、统一种子收购”的“六统一”规范管理。其中种子烘干、精选加工等全面实现了现代化。

种植业板块。依托 120 万亩的生产基地，秉持绿色农业发展理念，重点围绕稻麦粮种优势主导产业，由 19 个分公司按生产计划开展统一组织的集约化、标准化生产，即按统一作物和品种布局、统一种子和农资供应、统一农业生产措施、统一农机作业标准、统一农产品收购加工销售的“五统一”管理方式来组织标准化农业生产。

米业板块。全资子公司江苏省农垦米业集团有限公司（以下简称苏垦米业），是公司纵向一体化全产业链生产和经营粮食类的子公司。苏垦米业连续多年被中国粮食行业协会评为“中国大米加工企业50强”，2018—2019年连续荣获第十六、十七届中国国际粮油展“金奖”。

食用油板块。金太阳粮油股份有限公司（以下简称金太阳粮油），是一家集食用植物油研发、生产、销售为一体的农业产业化企业，主要产品包括葵花籽油、菜籽油、大豆油、玉米油和橄榄油等。公司具备独立的压榨生产线、浸出生产线、精炼生产线、灌装生产线和注塑吹瓶生产线。金太阳粮油是中国粮油学会监制葵花籽油品牌和新版国家葵花籽油标准起草单位，其生产的葵花籽油产品在品质、专利技术、工艺等方面均优于国家标准，产销量位居全国前五。

农业社会化服务板块。全资子公司江苏农垦农业服务公司（以下简称苏垦农服），承担着公司内部大宗农资采购供应任务，并面向全省农村市场开展对外社会化服务工作。苏垦农服打造以“农技＋农资＋农机＋农产品＋农业金融”（“五项服务”）为核心的全农服务体系，通过“一站式”服务、“保姆式”托管，为全省种植大户提供优质的农资供应保障、农业技术指导、农业金融贷款等生产解决方案。

苏垦农发一体化经营战略管理，是基于农业现代化实践探索，对传统农业企业实施组织化、高效化管理，应用先进的农业机械和智能装备，开展农业科技的创新与集成，实施标准化绿色生态可持续生产，形成了以常规麦稻生产为主、全产业链一体化经营的农业现代化解决方案。

案例二：“雏鹰”的腾飞与陨落——雏鹰农牧集团战略案例

雏鹰农牧集团股份有限公司（以下简称雏鹰农牧）创始于1988年，2010年9月15日在深圳证券交易所成功挂牌上市，是国内第一家以生猪养殖和销售为主业的中小板上市公司，被业界誉为“中国养猪第一股”，一度成为河南企业的骄傲。企业使命是“发展生态产业 创建一流品牌”，发展愿景是“迈向全球 跨越百年”，核心价值观是“责任 成长 价值”，经营理念是“创新为魂 诚信为本”，合作理念是“风险互担、成果共享、优势互补、合作共赢”。

1. 雏鹰展翼

1988 年，侯建芳涉足家禽养殖（养鸡）开始创业，取得了第一桶金，至 1994 年开始养猪。2001 年他自创了“公司 + 农户”养殖模式，并推广公司加盟模式，形成了“公司 + 基地 + 农户”的“雏鹰模式”。凭借这一创新模式，公司从众多中小养殖企业中脱颖而出。至 2010 年 9 月，雏鹰农牧成为 A 股养猪行业第一家上市公司。

2013 年，侯建芳以 37.8 亿元身家进入福布斯 400 富豪榜。2015 年，雏鹰农牧市值接近 300 亿元，这也是侯建芳作为企业家的高光时刻。2016 年胡润百富榜中，侯建芳位列河南省富豪榜第 4 位，身家 85 亿元。

2. 全产业链建设

雏鹰农牧 2012 年正式启动全产业链战略，开展以生猪养殖全产业链为主导的战略布局，致力打造包括饲料生产、生猪养殖、生猪屠宰、肉制品加工及销售等全部生产过程在内的完整产业链。在产业链的上游，2012 年雏鹰农牧拥有 2 家饲料厂，直接掌控饲料的生产环节。同时在吉林设立子公司，专门收购当地优质玉米等饲料原材料。2014 年确立了包括生猪养殖、粮食贸易、互联网三大板块的核心战略，发展成为拥有粮食贸易、饲料生产、良种繁育、生猪养殖、屠宰加工、冷链物流、终端销售、线上业务等完整产业链体系的现代化大型企业集团。到 2014 年，控股和参股公司达到了 21 家。

3. 过度扩张

雏鹰农牧的三大养殖基地分别位于吉林省、内蒙古自治区和河南省。由于产业的快速扩张，资金链持续紧张。2014 年 8 月 19 日，侯建芳被迫减持 3 038 万股，套现 3.17 亿元。2014 年末，雏鹰农牧“消耗性生物资产”（猪资产）只有 5 亿元，猪舍资产的价值却达 42 亿元。2015 年以后，雏鹰农牧提出“雏鹰模式 3.0”，相比于“公司 + 基地 + 农户”的最初模式，“公司 + 合作社 + 农户”的“雏鹰 3.0 模式”为：由合作方负责养殖场建设、设备投资、外部协调及日常维护、维修、粪污处理等，公司负责养殖场的土地租赁、合规性手续办理，农户主要负责单个猪舍的精细化管理，养殖过程中采用“六统一”（统一采购、统一供料、统一供种、统一防疫、统一流程、统一销售）的方式由公司统一管理。从这个模式来看，雏鹰农牧几乎无须投入自有资金，就能撬动银行资金，团结合作社为其养猪。但实际的结果是，至2018年9月30日，雏鹰农牧仍然为合作社垫付了猪舍建设经费近12亿元，导致资金链断裂。

4. 多元化发展

2011年，上市仅一年的雏鹰农牧就开启了多元化发展的道路，进行大规模的对外投资。2012年公司在生猪养殖行业排名第二。除养殖、屠宰，雏鹰农牧还多次涉足零售行业，希望打通从养殖到餐桌的全产业链。然而，收购或投产后，不少项目都没有做到正常运转，比如西藏藏香猪、吉林洮南原料厂、三门峡生态猪养殖场、开封肉制品及屠宰场等。

2014年6月，雏鹰农牧宣布进军互联网，认缴1 135.9万元，占比51%，成立了微客得科技。

2015年6月，雏鹰农牧注资1 020万元收购了河南杰夫电子商务有限公司，打造猪肉电商。

2016年，雏鹰农牧再次豪掷5亿元，与上海竞远投资管理有限公司共同成立电竞产业投资基金。

2016年底，雏鹰农牧投入1.35亿元，希望3年时间内整编6万家沙县小吃。截至2017年年报发布时，雏鹰农牧称在全国改造升级沙县小吃店面800家，开始给郑州沙县小吃店供应猪肉制品，这与雏鹰农牧的初衷相差甚远。

2018年，雏鹰农牧在生猪养殖行业排名跌落到第七位。

此外，雏鹰农牧控股的投资管理类子公司共9家。截至2017年底，雏鹰农牧对深圳泽赋农业产业投资基金、平潭竞远投资管理合伙企业、兰考中聚恒通产业投资基金三家基金公司共计投资超过59亿元。

自2016年开始，雏鹰农牧在非主营业务方面的投资就达近百亿元，且在这些领域的投资出现了持续亏损，至2019年上半年投资活动产生的现金流量约为－116.37亿元，而营收只有400多万元，这也就意味着百亿元的投资几乎是血本无归。

5. 危机爆发

2015年以后，雏鹰农牧资产负债率已经超过60%并逐年上升，2018年末资产负债率已经超过87%。管理费用率从2016年开始逐年上升。

2018年5月以来，受非洲猪瘟和环保监管趋严等因素影响，猪肉价格触底，存栏下降，新一轮猪周期开始，生猪存栏在2018年底出现快速下滑。

2018年6月，自媒体发文质疑雏鹰农牧涉嫌严重财务舞弊，包括公司可供出售金融资产及对应的投资收益、非流动资产涉及的会计科目等年报披露数据的真实性，并质疑公司投资收益的合理性及真实性。卷入财务丑闻的雏鹰农牧还陷入信用评级下调、经营活动现金流大幅下降、现金周转较为紧张、对外担保风险等旋涡。2018年8月，中国境内首次出现生猪养殖行业疫情，活猪禁止跨省运输，再次让雏鹰农牧的经营雪上加霜。加上金融去杠杆带来的融资渠道减少，已经出现资金紧张的雏鹰农牧甚至无法供应足够的饲料，导致猪舍内的生猪被“饿死”。公司曾探索重生，最终无力回天，雏鹰农牧股票于2019年10月正式退市。

| 第三章 |
农垦现代企业制度建设

第一节　现代企业制度概述

一、现代企业制度的理论与实践

（一）企业的概念和基本属性

企业是一个历史的概念，是生产力发展到一定水平的产物，是劳动分工发展的产物。随着生产力的提高和社会经济的发展，在社会分工和劳动协作的基础上，以简单分工协作为特征的手工工场的出现，标志着资本主义工厂制企业雏形的形成。马克思说，企业是追求利润的生产经营单位，本质上是与资本主义的起源与发展相一致的，是作为取代家庭经济单位和作坊而出现的一种协作劳动效率更高的生产经营单位。因此，企业又是一个经济的概念，是商品经济发展的产物，是社会资源的有效配置形式。通过企业这种形式，可以有效集合各种资源，承担风险、创造利润。

新制度经济学创始人罗纳德·科斯（Ronald H. Coase）在《企业的性质》一文中，证明企业的存在是通过对比市场来完成的。其逻辑是：利用市场交易可能支付额外的成本，所以需要替代市场的组织——企业；反过来，由于利用企业进行交易也需支付额外的成本，所以需要替代企业的组织——市场。当企业的边际交易成本和市场的边际交易成本相等时，组织均衡出现。“当资源的导向依赖于企业家时，由一些关系系统构成的企业就开始出现了。”

可以说，企业是根据社会需要来组织和安排某种商品生产、流通或服务等活动，进行自主经营、自负盈亏、承担风险的基本经济单位，具有经济性、社会性、营利性、独立性的特点，是市场经济活动的主要参与者。现代经济学理论认为，企业本质上是“一种资源配置的机制”，其能够实现整个社会经济资源的优化配置，降低整个社会的“交易成本”。

（二）现代企业制度的产生与发展

关于现代企业制度，学界普遍的共识是其衍生于钱德勒所定义的现代企业。1977 年，美国经济学家艾尔弗雷德·钱德勒（Alfred Chandler）在《看得见的手——美国企业管理革命》一书中，提出了“现代企业”的概念，即“由一组付薪的中、高层经理人员所管理的多单位企业即可适当地称之为现代企业”。经济学家奥利弗·威廉姆森（Oliver E. Williamson）运用交易成本理论，揭示了现代公司的演化过程，他在 1981 年出版的《企业的性质：起源、演变和发展》一书中指出：“我认为应将现代公司主要理解为许许多多具有以节约交易成本为目的和效应的组织创新的结果。”钱德勒和威廉姆森关于现代公司的描述，奠定了现代企业制度的基础。

在我国，现代企业制度问题是在 1993 年 11 月召开的党的十四届三中全会上正式提出的：国有企业要“建立适应市场经济要求，产权清晰、权责明确、政企分开、管理科学的现代企业制度”，第一次正式使用了“现代企业制度”的概念。同时，会议把现代企业制度的基本特征概括为“产权清晰、权责明确、政企分开、管理科学”十六个字。1997 年 9 月，党的十五大报告指出：“建立现代企业制度是国有企业改革的方向。”1999 年 9 月，党的十五届四中全会重申了具有现代企业制度基本特征的“十六字”总体要求。在此后的历次会议及相关政策中都提及并强调了现代企业制度的重要性，为我国现代企业制度的建设提供了政策支撑。2013 年 11 月发布的党中央《关于全面深化改革若干重大问题的决定》提出了“完善现代企业制度”的要求，自此，以建立现代企业制度为方向的国有企业改革，开始进入了“完善现代企业制度”的阶段。可以说，2013 年以前，国有企业改革是以建立现代企业制度为方向的，“产权清晰、权责明确、政企分开、管理科学”侧重于解决政府与国企的关系。同时，还提出了“鼓励有条件的私营企业建立现代企业制度”，进一步扩大了现代企业制度建设的主体范围。

2013 年以后，国有企业改革进入了“完善现代企业制度”的阶段。2015 年 8 月通过的《关于深化国有企业改革的指导意见》第三部分专门对“完善现代企业制度”提出五点要求，现代企业制度的内涵也越来越清晰。2016 年 10 月，在全国国有企业党的建设工作会议上，习近平总书记发表了《坚持党对国有企业的领导不动摇开创国有企业党的建设新局面》的重要讲话，指出“建立现代企业制度是国有企业改革的方向”“要把加强党的领导和完善公司治理统一起来，建设中国特色现代国有企业制度”。这个讲话秉承了党中央关于“建立现代企业制度是国有企业改革方向”的精神，同时又提出了“建设”现代“国有企业”制度的要求，明确提出了“建设”现代“国有企业”制度的概念，并指出中国特色的现代国有企业制度的本质特征是“党对国有企业的领导”。至 2017 年底，按照全民所有制工业企业法注册的国有企业全部改为按照《公司法》注册的公司制企业，可以说现代企业制度的形式基本建立起来了。从企业制度演变的过程看，现代企业制度是指适应现代社会化大生产和市场经济体制要求的一种企业制度，也是具有中国特色的一种企业制度。

（三）现代企业制度的主要内容

企业制度是企业产权制度、企业组织形式和经营管理制度的总和。企业制度的核心是企业产权制度，企业组织形式和经营管理制度是以产权制度为基础的，三者分别构成企业制度的不同层次。企业制度是一个动态的范畴，是随着商品经济的发展而不断创新和演进的。从企业发展的历史来看，具有代表性的企业制度有业主制（独资企业）、合伙制和公司制。党中央《关于建立社会主义市场经济体制若干问题的决定》提出：“国有企业实行公司制，是建立现代企业制度的有益探索。”许多人都把现代企业制度理解为公司制度。从目前国企改革发展理论和改革实践来看，应该说公司制是现代企业制度的主要、典型的组织形式。现代公司制企业的主要形式是有限责任公司和股份有限公司。公司制的特点是公司的资本来源广泛，使大规模生产成为可能；出资人对公司只承担有限责任，投资风险相对降低；公司拥有独立的法人财产权，保证了企业决策的独立性、连续性和完整性；所有权与经营权相分离，为科学管理奠定了基础。

目前理论界的基本观点是，现代企业制度是适应市场经济要求，以完善现代企业法人结构为基础，以明晰企业各个利益主体的产权关系为前提，以有限责任制度为保证，以公司企业为主要形式，以产权清晰、权责明确、政企分开、管理科学为条件的新型企业制度。其主要内容包括现代企业法人制度、现代企业产权制度、出资者有限责任制度、现代企业组织管理制度。

1. 现代企业法人制度

企业法人是依法设立的。企业法人必须拥有自己能够独立支配的财产，能够独立承担民事责任。企业法人的行为具有自主性，是具有民事权力能力和民事行为能力的人格化的社会经济组织。要成为独立的市场经营主体，企业必须具备真正的独立法人资格。独立法人资格要求必须有独立的财产、企业法人经登记而确立、企业法人要有自己的章程、企业应有自己的名称。现代企业法人制度实现了出资者的所有权和企业的财产权的分离。

2. 现代企业产权制度

产权，是财产权利的简称，指财产所有权以及与财产所有权有关的财产权利。产权的基本内涵包含了所有权、占有权、使用权、收益权和处分权，是涵盖一组权利的整体。企业是在一定的财产关系基础上形成的，企业的行为倾向与企业产权结构之间有着某种对应关系，企业在市场上所进行的物品或服务的交换实质上也是产权的交易。产权的经济功能包括保障产权主体的合法权益、有利于资源的优化配置、为规范市场交易行为提供制度基础、有助于解决外部性问题。

3. 出资者有限责任制度

有限责任是相对于无限责任而言的。无限责任（又叫无限连带清偿责任）是指股东不论出资多少，对公司债权以全部个人财产承担清偿全部债务的责任。有限责任是指出资人所负责任仅以出资额为限，即把股东投入公司的资产与他们个人的其他财产脱钩，从而降低了出资人的出资风险。

4. 现代企业组织管理制度

企业组织制度，在公司制中主要表现为企业法人治理结构。公司作为法人，也就是作为由法律赋予了人格的团体人、实体人，需要有相适应的组织体制和管理机构以使之具有决策能力、管理能力，行使权利，承担责任。这种体制和机构被称为公司法人治理结构，也可以称为公司内部管理体制，是现代企业制度中最重要的组织架构。按照《公司法》的规定，公司法人治理结构由四个部分组成：股东会或者股东大会，由公司股东组成，所体现的是所有者对公司的最终所有权；董事会，由公司股东会或股东大会选举产生，对公司的发展目标和重大经营活动作出决策，维护出资人的权益；监事会，是公司的监督机构，对公司的财务和董事、经营者的行为起到监督作用；经理，由董事会聘任，是经营者、执行者。公司法人治理结构使所有者、经营者和生产者之间通过公司的权力机构、决策和管理机构、监督机构形成各自独立、权责分明、相互制约的关系，实现了所有权和经营权的分离。

企业管理制度主要指内部的各种管理制度，包括领导制度、劳动用工制度、工资制度、分配制度以及计划管理、财务管理、成本管理等一系列具体的管理制度。

（四）现代企业制度的基本特征

我国要建立的现代企业制度是以“产权清晰、权责明确、政企分开、管理科学”为基本特征的、适应社会主义市场经济要求的、坚持公有制经济的主体地位和国有经济的主导作用的一种新型企业制度。

1. 产权清晰

产权是资产所有权在法律上的反映。明晰的产权关系就是出资人享有企业的产权，企业拥有企业法人财产权。出资者所有权是因出资者向企业投资而产生的一种权利。企业法人所有权指企业法人对出资者注入企业的资本金及其增值形成的财产享有独立的财产权利，拥有法人财产权。在现代企业制度下，所有者与企业的关系演变成了出资者与企业法人的关系。出资者与企业法人各自拥有独立的财产权利，履行各自义务并相应承担有限的责任。

2. 权责明确

权责明确是指合理区分和确定企业所有者、经营者和劳动者各自的权利和责任。出资者按投入企业的资本额享有所有者权益，并以其出资额对企业债务承担有限责任。企业在其存续期间，对由各个投资者投资形成的企业法人财产拥有占有、使用、处置和收益的权利，对出资者承担财产保值增值的责任，并以企业全部法人财产对其债务承担责任。经营者受所有者的委托在一定时期和范围内拥有经营企业资产及其他生产要素并获取相应收益的权利。劳动者按照与企业的合约拥有就业和获取相应收益的权利。

3. 政企分开

政企分开是指企业和政府之间不存在行政隶属关系，政府行政管理职能、宏观和行业管理职能与企业经营职能分开，不直接干预企业的生产经营活动。企业按市场需求组织生产经营，在竞争中求得生存和发展，长期亏损、资不抵债的企业应依法破产。政府通过宏观经济调控间接引导企业的生产经营活动，为企业创造公平竞争的良好外部环境。

4. 管理科学

这是一个含义宽泛的概念。从较宽的意义上说，它包括了企业组织合理化的含义；从较窄的意义上说，管理科学要求企业管理的各个方面，如质量管理、生产管理、供应管理、销售管理、研究开发管理、人事管理等的科学化。从组织管理层面来说，主要是指建立科学的企业领导体系和组织管理制度，调节所有者、经营者和职工之间的关系，形成激励和约束相结合的经营机制。管理科学致力于调动人的积极性、创造性，其核心是激励、约束机制。

现代企业制度具有强烈的市场化取向，明确了企业产权关系，实现企业所有权与经营权相分离，真正实现政企分开。其以股东权益最大化为目标，有利于克服企业短期行为，建立长期发展的良性循环体制；有效降低了出资人的风险，有利于企业筹集资金；有利于形成企业经营有效的激励机制和约束机制，提高企业经营管理水平。

二、国有企业现代企业制度的建立

（一）国有企业现代企业制度试点与配套改革

改革开放以来，国有企业改革一直是整个经济体制改革的中心环节。为改变国有企业只是作为政府附属物存在、缺乏经营自主性和市场独立性的整体状况，国家对大中型国有企业先后实行了扩大企业自主权，推行承包制、股份制等改革探索，取得了一定效果。党的十四大明确建立社会主义市场经济体制的改革目标后，从 1994 年起，国有企业改革开始进入转换经营机制、建立现代企业制度的阶段。

1994 年 11 月，国务院召开现代企业制度试点工作会议，标志着试点工作正式启动。中央选择 100 家国有企业进行现代企业制度试点。各级地方政府也纷纷选择一些国有企业进行试点。当时，全国进行现代企业制度试点的国有企业达到 2 500 家，重点是抓政企分开、转变政府职能。到了 20 世纪 90 年代中后期，由于国有企业经营困难不断加重，许多现代企业制度试点企业也不能幸免，国家又开始推行国有企业优化资本结构试点，基本内容是增资、减债、分流、破产，将建立现代企业制度与救急解困结合，一些试点企业也遭遇了被兼并重组、停产关闭。到 1998 年，国有企业经营困难进一步恶化，国家决定实行国有企业三年改革脱困攻坚计划，关闭破产、债转股、职工下岗分流、贴息改技等工作大力推进，股份制改革、引入非国有投资者进行改制的做法开始全面铺开。2001 年初，国务院确定的百家现代企业制度试点企业和各地选择的现代企业制度试点企业共 2 700 家，绝大多数实行了公司制改革，建立了现代企业制度的框架，在实现政企分开、转换经营机制、加强科学管理等方面迈出了重要步伐。

从实际来看，现代企业制度试点并没有因此而真正实现市场化。国有企业要真正建立现代企业制度、真正实现市场化，不仅仅是确定出资人、完善公司制注册、建立形式上的股东会和董事会及监事会，更重要的是更深程度地实行股权结构改革，改变国有股一股独占、一股独大的状况。1999 年党的十五届四中全会、2002 年党的十六大、2003 年党的十六届三中全会对包括混合所有制在内的股权结构改革给予了肯定和支持。党的十六届三中全会明确指出“建立归属清晰、权责明确、保护严格、流转顺畅的现代产权制度，是构建现代企业制度的重要基础”，把现代企业制度这个概念又往前推进了一步，赋予了产权改革的含义。这一时期，国有企业各种形式的股权结构改革取得较大进展。总的来看，现代企业制度试点是与优化资本结构、扭亏脱困攻坚等工作交织在一起进行的。

2015 年 8 月，党中央、国务院印发《关于深化国有企业改革的指导意见》，针对一些国企市场地位尚未真正确立、现代企业制度还不健全等情况，强调要分类推进国有企业改革、完善现代企业制度。这是新时期指导和推进国有企业改革的纲领性文件，开启了国有企业发展的新篇章。2019 年 10 月党的十九届四中全会明确提出，深化国有企业改革，完善中国特色现代企业制度。2020 年 6 月，《国企改革三年行动方案（2020—2022 年）》启动，随之国企混改、重组整合、国资监管体制改革等进入快速推进、实质进展的新阶段，助推国企在稳产保供、应对重大风险挑战中发挥了重要作用，为更好服务国家重大战略和地方经济社会发展、满足人民日益增长的美好生活需要作出了积极贡献。

回顾国企改革历程，放权让利、转换经营机制、不断融合市场经济、推行股份制改革、建立现代企业制度、发展混合所有制经济，目标路径逐步清晰深化，目的都是遵循市场经济规律和企业发展规律，融入市场经济大潮，建立现代企业制度，做大做优做强国有企业，使国有企业成为依法自主经营、自负盈亏、自担风险、自我约束、自我发展的独立市场主体。

（二）国有企业建立现代企业制度的现状与路径

改革开放以来，国有企业现代企业制度建设取得了重大进展，尤其是在公司制改制中取得了不少理论和实践成果，政企分开迈出新步伐，进一步探索出新的国有企业监管方式。如今，经过多年的探索和实践，国有企业改革不断深入推进，国有企业经营机制、管理体系、企业面貌都发生了根本性变化，现代企业制度建设成效显著。国有企业活力和竞争力不断增强，国有经济发展质量大幅提升，已经同市场经济相融合，在经济社会发展中发挥着重要作用。但国有企业现代企业制度仍亟待完善，主要存在以下问题：一是国有资产一股独大，政府实际上通过任命董事会成员干预企业。二是由于缺乏所有者有效控制，“内部人控制”现象严重。三是由于未形成适应社会主义市场经济要求的国有资本有效运营的产权制度，国有资本产权仍处于不清晰状态，在国有资本管理、经营等环节上，各主体的权利、义务、责任尚不统一。

针对现代企业制度建设中存在的重点与难点，国有企业必须着力解决好以下几个方面的问题。一是进一步明晰产权，确保国有资产出资人到位。明晰产权，对国有资产来说，首先是明晰出资人所有权，即明确谁作为国有资产出资人的代表；此外，还要明晰企业法人财产权，即明确界定企业法人财产的产权边界。在明晰产权的同时，还要正确界定国有资产出资人的权能，以确保国有资产出资人到位。二是形成多元化和适度分散的股权结构。通过积极培育多元化投资主体、鼓励民营资本和外资参与企业产权重组等方式，积极探索股权多元化的方式，扩大股权分散化的程度，从而形成公司内部的制衡机制，完善公司治理机制。垦区产业公司原则上都要实行公司制、股份制改革，通过引入战略投资者、推进经营者持股、资产证券化等方式，改制成为有国家持股、职工持股、高管奖励持股等多种形式参股的混合所有制企业。三是建立健全公司治理结构。当前国企的公司法人治理结构有诸多局限性，且存在内部运作不规范现象，缺少较为成熟的决策机制。要对国企法人治理进一步创新。同时，要进一步将党的领导融入现代企业治理结构，进一步发挥党对国有企业建设把方向、管大局的政治核心作用。

此外，按照十三届全国人大一次会议通过的国务院机构改革方案，不再设立国有重点大型企业监事会，其职责与国家发展和改革委员会的重大项目稽察、财政部的中央预算执行情况和其他财政收支情况的监督检查、国务院国资委的国有企业领导干部经济责任审计一并划入审计署。根据 2018 年 10 月 26 日《全国人民代表大会常务委员会关于修改〈中华人民共和国公司法〉的决定》，在国有独资公司董事会中设置审计委员会等专门委员会，同时不再设监事会；允许国有独资公司、国有资本投资运营公司选择单层制治理模式（即只设董事会，不设监事会），公司选择只设董事会的，应当在董事会中设置由董事组成的审计委员会负责监督；规模较小的公司还可以不设监事会，设一至二名监事。因此，在农垦现代企业制度建设与发展的相关讨论中，不再体现监事会相关要求。

第二节　农垦现代企业制度建设与发展

现代企业越来越重视企业管理软实力的提升，在制度层面就是建设现代企业制度，并将完善现代法人治理结构和公司治理机制作为核心内容。党中央、国务院《关于进一步推进农垦改革发展的意见》明确提出要完善现代企业制度，明晰产权关系，健全法人治理结构，不断提高内部管理水平和市场竞争力。垦区集团化农场企业化改革的核心即现代企业制度的构建和优质企业的培育。农垦系统要通过产权结构的多元化和完善公司治理结构来实现体制机制的转型，建立有效的国有资本监管和运营体制、激励约束机制，全面提升农垦企业的发展活力和市场竞争力。

一、农垦现代企业制度建设的基本内涵

（一）农垦现代企业制度组织架构

随着垦区集团化农场企业化改革进程的推进，农垦现代企业制度组织架构

不断完善，重点是运用现代产权制度，理顺集团内部的多层次关系，形成以产权为纽带的大型企业集团母子公司新体制。下面重点针对已经组建的省级农垦集团或区域性农垦集团进行说明。

一是明确集团母子公司的职责定位。垦区集团建立母子公司体制，是指明确母子公司的出资关系，进行规范的公司制改造，建立资本联结纽带，形成以母公司为核心、子公司为主要成员的企业集团组织体系。垦区集团公司层面在明晰产权、建立健全法人治理结构的同时，要以产权为主要纽带，着力把集团公司和所属企业联成一个有机整体。第一，母公司与子公司是出资人与被投资企业的关系。母公司依持有的股权对子公司、参股公司行使出资人权利，依所持股份承担有限责任。母公司不是子公司的行政管理机构，与子公司之间不是上下级行政隶属关系，母子公司各自在法律和章程框架内开展各种活动。第二，母公司依照《公司法》和国家有关规定对其投资的子公司、参股公司行使资产收益权。母公司依法取得的资产收益、转让其股权而取得的收益，按有关规定核算并主要用于资本的再投入。第三，母公司按照《公司法》规定的程序和权限对其子公司、参股公司行使重大决策权。除《公司法》明确规定的重大决策外，对子公司、参股公司的大额借贷和资金使用、对外提供重大信用担保、重要资产的转让、对外投资等事项，要根据需要，通过集团或公司章程列入重大决策内容。第四，母公司可以通过组织修订所属子公司的章程，明确集团公司出资人的法定地位；按所持股份行使股东权利，通过向参股公司委派股权代表参加股东会、委派产权代表就重大决策事项向集团公司请示报告等制度，推荐或任命董事及委派外部董事等组织手段，实现出资人到位。第五，母公司按照《公司法》的规定对其投资的子公司、参股公司享有选择管理者的权利，并依法进行监督和考核。

二是建立健全法人治理结构。在明晰产权关系的基础上，按照“各负其责，互相制衡，协调运转”的要求，建立规范的法人治理结构，充分发挥党组织的政治核心作用、股东（大）会的决定作用、董事会的决策作用、经理层的经营管理作用，形成决策、执行、监督相互独立、有效制衡的运行机制，规范董事长、总经理的行为。坚持党的领导、加强党的建设是国有企业的“根”和“魂”，要准确把握党组织在各治理主体中的核心地位，包括对保障落实党中央重大方针政策、内部重要人事任免行使决定权；对企业发展战略、经营方针调整、项目投资等重大经营管理事项行使把关权；对企业遵守国家法律法规、产业政策、保护职工合法权益具有监督权。在完善“双向进入、交叉任职”领导体制的前提下，要通过落实好研究重大事项的前置程序，事先听取党委（党组）意见，保证党组织的领导权和协调作用得到充分发挥。依据《公司法》的有关规定，垦区集团作为国有独资公司可以不设股东会，董事会为集团公司的最高决策机构，董事长为集团公司的法定代表人。董事成员中应设置一定比例的经济、技术、管理、法律等方面的专家型董事，丰富董事会组成人员的知识结构、专业背景、工作经验和能力结构，更重要的是形成董事会对重大事项的决策，可以产生不同产权话语权间的博弈、不同角度的审视和更加严格的考量。经理层为集团公司的执行机构，总经理主持公司的日常经营管理工作，对董事会负责，总经理由董事会聘任或解聘。

三是提高董事会科学决策水平。董事会是企业的经营管理决策机构，处于法人治理结构的枢纽地位，对企业的生存与发展具有决定性作用。在推进垦区集团化改革中，必须充分发挥董事会的核心作用，构建董事会科学决策机制，提高董事会管理决策的科学性、正确性和时效性。第一，制定并组织实施专门委员会工作制度。一般而言，集团公司董事会可设立董事会战略和投资委员会、提名委员会、薪酬考核委员会和审计与风险控制委员会等专门委员会，其中薪酬考核委员会、审计与风险控制委员会等专门委员会，可由外部独立董事担任主任委员。提交董事会讨论的重大事项，首先由相关专门委员会讨论提出专业的审核意见，并与议案一并提交董事会讨论，确保董事会重大决策科学谨慎，提高决策效率。第二，严格董事会决策程序化。董事会决策议题确定后，应由董事会办公室牵头组织相关职能部门人员及有关专家开展调查研究，进行多方可行性分析论证。董事在决策前享有知情权，凡涉及决策的有关信息必须事前书面提交每位董事阅知，以便各位董事在召开董事会之前掌握相关情况，必要时再对有关事宜作进一步深入了解，提高决策的正确性。

（二）农垦现代企业管理制度

一是加强内部管控制度建设。《公司法》和公司章程规定了股东会、董事会和经理层边界划分的基本原则，在具体操作中还要用具体的规章制度细化职权。董事会、经理层应分别制定工作制度，规范法人治理机构运作。同时，还应围绕重大决策制度修订基本管理制度和具体规章，构筑规范有效的集团内控体系架构，主要包括：第一，选择合适的集团管控模式。企业集团管控是指集团对下属企业基于集分权程度不同而形成的管控策略，不仅包括总部对下属企业的管控，广义上还包括公司治理结构的确定、总部及各下属公司的角色定位和职责划分、对集团重要资源的管控方式等，主要有战略管控、财务管控、运营管控三种模式。集团功能定位决定管控模式，管控模式必须与集团功能定位相适应。农垦企业集团可以选择适合自身的管控模式，并在实践中不断探索和优化。第二，建立重大决策责任追究制度。对因决策失误给企业带来损失的，有责任的董事要负经济上的连带责任；对长期决策态度不明或频繁出现决策失误的董事，应及时调换人选。第三，建立总经理经营目标责任制。调动公司高级管理人员的积极性和主动性，树立业绩目标意识，在企业经营活动中因经营管理失误给企业造成经济损失的，追究总经理的经济责任。第四，建立资产经营责任制，以资本效益为中心，以国有资产保值增值为目标，制定资产经营绩效评价指标体系和考核办法，根据企业法人财产占有量来确定考核目标，规定双方权利义务，签订《资产经营责任书》，严格考核，奖惩兑现。第五，建立委派财务总监（财务经理）和产权代表制，集团母公司对子公司委派财务总监(财务经理)，对企业重大财务事项实行日常监督和专项监督，对各项财务活动实行定期报告和专项报告，重要事项经总经理办公会讨论后报公司董事会。第六，建立重大问题报告制度，企业资产重组、资产处置、对外投资、对外合作、对外担保、主要管理人员调整、分配方案制定等重大事项，需要集团公司批准或备案。依法建立企业信息报告制度，通过企业资产负债表、损益表、现金流量表和统计报表等定期报表信息，对企业经济运行状况实施有效监控。第七，建立有效的激励与约束机制，企业主要管理者收入与企业经营业绩挂钩，激励与约束并重，深化企业内部分配制度改革。在推进混合所有制改革中，可以对公司管理层或员工实施股权激励，将管理层或员工的利益与公司利益紧密结合在一起。

二是加强国有资本运营管理。产权制度改革是农垦现代企业制度建设的核心，通过产权制度改革实现国有资产的高效监管与运营。第一，明晰国家和企业的产权关系。确立产权的关键是实行出资者所有权与法人财产权的分离，企业以其全部法人财产对出资者承担资产保值增值责任，出资者按投入企业的资本份额享有所有者权益，隔断政企不分的纽带，理顺国有资产的产权关系。第二，投资主体多元化。如果国有资本所有者的委托人因为“虚置”而不能有效履行相应的权责，企业作为国有资本代理人也不能履行相应的权责。以产权主体明晰为前提实现投资主体多元化，可以组成混合所有制形式，形成法人治理结构的经济基础，有效解决产权主体“虚置”的问题。第三，国有股权的流动与转让。股东对公司的控制是按持股比例确定的，在不涉及土地等国有资产流失等问题时，可以根据实际情况考虑国有资本绝对控股、相对控股或者不控股。第四，保证国有资本保值增值。在农垦企业产权制度改革过程中，要建立严格的产权占有、使用、收益、处分等产权制度，保证国有资产免受流失，担负国有资产保值增值的责任，保证所有者和经营者都获得相应的权益。要根据有关要求对农垦国有资产进行评估定价，科学评估国有资产价值，完善市场定价机制，确保在进行产权多元化改革过程中不会造成国有资产流失。同时要建立以管资产为主的监管体制，建立国有资产产权代表制度。第五，要建立国有资产运营体制，在管资产的监管体制下，理顺政资、政企、社企关系，通过国有资本投资运营实现国有资产的保值增值，放大农垦国有资产效益。特别是涉及国有土地处置时，必须坚持土地国有的根本原则，股权多元化改革可以在使用权的有偿转让基础上进行，并且要建立规范的土地使用权交易程序。

三是职业经理人制度。积极创新建立职业经理人选拔机制。第一，要面向农垦系统内的企业经营者开展职业经理人方面的培训，学习现代企业管理和运营知识，要在农垦系统内建立职业经理人市场，培养和选拔专业经营管理人才。第二,要实现董事会的选人用人权。既要实现党管干部，又要保证董事会能够落实选人用人权，协调好党管干部和市场化选人用人之间的关系，保证企业“选合适的人”，保证董事会能够选聘考核经营层、经营层对董事会负责。第三，要将现有的农垦企业经营者队伍逐步转换为职业经理人队伍。对农垦企业经营者进行市场化配置，在董事会提出选人用人标准并经选聘程序后选定的职业经理人，经企业党委确定后，由董事会聘任，给予市场化的薪酬。要加强对职业经理人的管理和建设工作，根据职业经理人市场供求状况和经营管理业务，合理确定薪酬标准，实行与经济效益、经营目标、行业水准相当的薪酬分配机制。

同时，建立职业经理人退出机制，确保实现考核工作目标。要把职业经理人制度和队伍建设纳入农垦人才工作，建立符合农垦特色的职业经理人认证标准，建立职业经理人市场供求信息体系，促进农垦系统企业之间的职业经理人制度的交流与推广。

（三）农垦现代企业制度经营机制

党中央、国务院《关于进一步推进农垦改革发展的意见》对创新农垦农业经营管理体制机制进行了明确。创新农垦现代企业经营管理体制机制，重点是针对各类农垦企业主体，既保留现有的农垦现代农业经营管理机制的传统优势，在此基础上加以完善和发展，又充分发挥现代企业制度在企业治理中的作用和优势，将企业及所属各类主体结合为适应外部市场经济环境和发展、内在管理运营高效的经济有机体，形成农垦企业市场化运行机制。

一是坚持和完善以职工家庭经营为基础、大农场统筹小农场的农业双层经营体制。坚持和完善以职工家庭经营为基础、大农场统筹小农场的农业双层经营体制，构建一体化现代农业经营体系。实行集团化经营的垦区进一步完善“省农垦集团公司—产业龙头企业—农场（基地）—家庭农场（专业户)”的以资产为纽带的运营机制，建立完善的集团母子公司体制，形成产业化、集团化、股份化的经营管理格局。完善国有农场、产业公司与职工之间的利益分享和风险共担机制。

二是进一步完善土地经营管理机制，发挥农垦企业发展要素价值。强化国有农场农业统一经营管理和服务职能，构建权利义务关系清晰的国有土地经营制度。在农垦系统总体规划的前提下，不断拓宽和完善农垦土地资源优化利用的途径和方式，规范农垦土地资源保护利用的法律法规，完善农垦土地承包经营制度，推进农垦土地适度规模经营，采取有效措施确保农垦农用地特别是耕地不被侵占，加强农垦土地规划管理，健全农垦土地管理机构和制度，积极推进农垦土地作价出资和授权经营，加大金融支持力度。

三是进一步深化三项制度改革。深化劳动、人事、分配制度改革，健全“管理人员能上能下、员工能进能出、收入能增能减”机制，加快农垦企业市场化经营机制建设，增强企业活力。完善国有企业任期制契约化，实现优胜劣汰、能上能下，促进经理层不断提升经营管理能力和业绩。对企业中高层（关键管理、专业技术岗位）领导推进职业经理制度，实施市场化薪酬分配机制。通过完善工资总额决定机制，实施精准激励、全员业绩考核、中长期激励等，深化企业内部工资分配改革，合理拉开工资分配差距，持续推进市场化薪酬分配机制。通过新设、合并、重组国有科技型子公司以及混合所有制改革等形式，对关键管理、科技、高技能员工实行股权、分红激励，引入“跟投”、合伙人等机制。

四是引进多元投资者，发展股份制、公司制等农业经营形式。党中央、国务院《关于进一步推进农垦改革发展的意见》明确，积极培育新型农业经营主体，发展股份制、公司制等农业经营形式。通过引进多元投资者，有效实现投资主体和资本运营多元化。主要有三种方式：第一，可以为农业产业化经营的龙头企业引入战略投资者或战略联盟。第二，加强龙头企业与科技的合作，增强自主创新能力。要与现代农业技术研究处于国内领先地位的科研机构、顶尖的科技人才，通过比较稳定的利益机制，实行多种方式的合作，提高龙头企业的科技创新能力。第三，利用资产重组、收购兼并、参股、租赁等各种手段并购地方性的农业产业化龙头企业，纳入农垦系统的生产经营体系。

二、农垦现代企业制度建设的现状与重点

（一）农垦现代企业制度建设的现状

一是改革促进资源整合力度加大，农垦企业集团组织架构愈加完善。2015年以来，各垦区以垦区集团化农场企业化改革为主线大力推进改革，取得显著成效。省级集团、市县级区域性集团、农场集团数量不断增多，集团成员数量快速增长。国有农场归属市县管理的垦区集团化改革成效明显，部分垦区实现了零的突破，部分垦区既组建了省级集团，也组建了区域性集团。湖北省整合省属农垦企业资产和部分市属农场资源，组建湖北省农垦集团有限公司，实现农场归属市县管理的省份组建省级集团零的突破。

二是体制机制转换加快，公司治理显著改善。省级集团、市县级区域性集团、农场集团已基本建立以资本为纽带的母子公司管理体制。农垦集团母子公司管控体制与国有农场公司化治理机制加快转换。集团母公司公司制改制加快，集团出资人履职主体逐步规范，国资部门、财政部门成为农垦集团母公

司出资人履职主体的主要机构。公司法人治理结构有效改善，同时推进实施市场化薪酬制度、股权多元化、职业经理人制度的公司占比不断提高。国有农场公司化改制基本完成，行政色彩进一步消除，市场主体活力进一步激发。

三是并购重组加力，集团化保供能力稳定增长。农垦集团重组、并购数量持续增长，通过对内重组、对外并购进一步整合了资源，放大了资本功能。北京首农食品集团、光明食品集团、天津食品集团实现了农垦与轻工、粮食等农产食品全产业链重组，体现了跨行业、跨领域重组并购的特点。农垦内外部资源资产整合有效助推产业优化升级，提升了保障国家粮食安全和重要农产品有效供给的能力。

对照农垦改革和国有企业改革要求，当前农垦现代企业制度建设中依然存在一些突出问题，如部分垦区集团化管理体制转换较慢，部分省级集团母公司职能定位不甚清晰，部分农垦集团母子公司治理结构需要进一步完善等，面临体制机制与主客观因素的制约，与业内先进企业相比较，依然有很大的提升空间。

（二）农垦现代企业制度建设的举措

一是通过行业管理能力建设，进一步理顺政资、政企、社企关系，通过农垦国有资本投资运营，实现国有资产的保值增值，放大农垦国有资产效益，提升国有资本运行效率和效益。建立以管资产为主的监管体制，建立国有资产产权代表制度，加大对国有资本投向的专项监督力度。

二是推动发展混合所有制经济，通过股权多元化改革快速做大做强垦区产业，通过各种联营，支持垦区国有经济联合集体、民营、外资企业相互投资参股、组建公司，促进各种所有制资本取长补短、共同发展。探索企业经营者、技术骨干持股的有效途径和办法，发展混合经济。积极利用资本市场发展股份制经济，加快具备条件的企业实现优质资产上市或主营业务整体上市。

三是对于国有农场而言，重点是在推进农场企业化过程中，加快农场公司制改革。公司化农场一般应有以股东会、董事会、总经理为代表的经营管理机构。从垦区的实际情况出发，进一步优化公司化农场组织结构，推进国有农场企业化改革，使其成为真正市场化的企业主体。

第三节　现代企业制度案例

案例一：海垦控股集团健全法人治理结构，提升集团管控能力

海南省农垦投资控股集团有限公司（以下简称海垦控股集团）系海南省政府直属国有独资企业，主业分布在天然橡胶、南繁育种、商贸物流、热作农林、旅游康养、畜禽海产、金融服务、资源开发等产业。现拥有土地总面积近 1 000 万亩，下属二级企业 35 家，在下属企业中有上市公司 2 家、新三板挂牌企业 1 家，截至 2021 年 6 月 30 日，集团资产总额 746.46 亿元，负债总额 299.40 亿元，净资产 447.06 亿元，资产负债率 40%。海垦控股集团董事会现有 6 人，其中外部董事 3 人。

一、实现垦区集团化农场企业化的战略转型

按照党中央农垦改革发展文件和海南省相关文件要求，全力推进垦区集团化农场企业化改革，实现体制机制转换，破解海南农垦总局和海南农垦集团“两张皮”、相互掣肘、资源难以整合的突出问题，着力建立健全适应市场经济要求、充满活力、富有效率的管理体制和运营机制。

（一）垦区集团化改革

取消原海南农垦总局的实体机构，妥善安置原总局机关和所属事业单位 668 名干部职工，并在原海南农垦总局和海南农垦集团的基础上组建新的海垦控股集团，作为省政府直属国有独资企业，省国资委经授权对其履行出资人职责，建立健全集团与二级企业以资本为纽带的母子公司管理体制及二级法人管理架构。同时，对标上海光明食品集团等先进企业，设置比较完善的集团总部机构，明确总部职能定位为战略中心、投资中心、资本运营中心（贸易投资服务部研究制定招商、并购、股权管理办法）、监控协调中心；完善法人治理结构，厘清党委会、董事会、经理层的权责，党委会把方向、管大局、促落实，董事会依法行使重大决策、选人用人、薪酬分配等权利，保障经理层经营自主权。健全与出

资人、董事会、党委、经理层沟通机制，董事会、经理层会议涉及重大事项决策时，及时向省国资委报告。海南农垦结束“政企合一”的历史，实现去行政化。

（二）国有农场转企改制

按照海南省政府关于农垦农场公司制改革指导意见的要求，为避免改革出现简单“翻牌”情况，按照规范的现代企业制度构建农场公司治理结构，建立健全农场与职工之间、经营管理层与农场公司之间合理的利益分享和风险共担机制，彻底去行政化，农场公司成为自主经营、自负盈亏的独立市场主体。同时，注重将农场转企改制、二级产业集团组建、八大园区建设三位一体相结合，主要采取四种模式：产业禀赋和基础较好的农场单独改制成公司，将有区位优势和育种产业基础的南滨农场改制打造为海垦南繁集团，将有蓝洋温泉资源和莲花山景区的蓝洋农场改制打造为海垦旅游集团，将有养殖优势的红光农场公司改制为海垦草畜集团；与园区建设相结合，将农场改制成园区建设主体运营公司，桂林洋农场区域按海南省海口市整体规划打造成为海南省桂林洋热带农业公园有限公司；与产业集团发展相结合，按产业集团需要推进农场改制并划归产业集团管理；以市县为区域同步推进农场转企改制与重组整合，形成发展合力。垦区 38 家农场已全部完成改制，新一轮整合后形成 18 家二级农场公司。2017 年以来，农场改变长期亏损的局面，全部实现盈利。

二、公司治理进一步规范化、制度化、市场化

（一）完善现代企业制度，厘清权责边界

按照中国特色现代国有企业制度要求，把党的领导融入公司治理各环节，明确党组织在决策、执行、监督各环节的权责和工作方式。海垦控股集团及已设党委的二级企业均已把党建工作写入公司章程。修订《董事会议事规则》《党委会议事规则》《总经理办公会议事规则》，明确了三个治理主体的权责边界。同时，对照省国资委对集团董事会授权经

营责任书的要求，对集团总部管理事项授权清单进行修订，按企业战略、投资管理、项目管理、人力资源管理、财务管理、资产管理、公司治理等九大类159小项进一步细化各治理主体事权审批权，使得各治理主体有章可循，权责边界明晰。

（二）把党的领导融入公司治理各环节

制定《党组织书记抓基层党建述职评议考核实施办法》《党委意识形态工作责任制实施细则》等制度，压实责任。召开党委会，专题研究党建工作，将党建考核纳入绩效考核体系，比重为20%。进一步完善《党委会议事规则》等制度，落实党委研究讨论是董事会、经理层决策“三重一大”事项的前置程序，切实发挥党组织把方向、管大局、促落实的作用。按照“双向进入、交叉任职”的要求，实现党委书记和董事长“一肩挑”、党员总经理兼任副书记，符合条件的党委班子成员通过法定程序进入董事会、经理层，从领导体制上确保党的领导与董事会决策的深度融合。

（三）落实董事会职权，规范董事会运行

完善董事会运行机制。进一步完善了《海垦控股集团出资企业董事会建设工作指引》和《海垦控股集团董事会办公室工作细则》两项制度相关内容。已制定出台董事会工作制度12项，按照省国资委授权经营责任书要求，组织修订了9项内部管控规章制度，并已报备5项。推动二级企业董事会建设。草拟《关于加强子企业董事会建设的工作方案》《海垦控股集团派出董事履职管理办法（试行）》，对子企业董事会建设、落实董事会职权提出要求，并明确派出董事的工作程序和职责权限，保障海垦控股集团的合法权益和国有资产保值、增值。

（四）健全授权机制，增加经理层经营活力

优化董事会对集团经理层授权管理权限，通过执行《海垦控股集团企业管理事项授权清单（2021年版）》，授予经理层对集团5 000万元以下固定资产投资，二级企业战略发展规划、年度投资计划、利润分配、任期年度经营目标及考核等56个事项的审批权限。下属企业海南金垦赛博信息科技有限公司深度融合行业发展趋势及海南自贸港建设需求，建立了领导班子任期制和契约化管理机制，实现差异化薪酬分配，并与5名经理层成员签订《2021—2023年聘用协议》和《2021年经营业绩合同》，公司经理层薪酬与经营目标完全挂钩。《海垦控股集团国企改革三年行动方案》中明确要求建立实施以劳动合同管理为关键、以岗位管理为基础的市场化用工制度，加快建立健全管理人员能上能下、员工能进能出、收入能增能减的市场化机制，全面推行员工公开招聘、管理人员竞争上岗、末等调整和不胜任退出等制度。

（五）强化监督体系建设，有效开展责任追究

推进依法治企，切实把合规管理融入生产经营。海垦控股集团按照“稳健探索、‘压茬’推进、系统提升”的“三步走”思路，设计了《合规管理体系建设专项工作方案》。按照“四个落实”要求深化巡察工作，近年来，围绕土地租金收缴、项目推进、防范化解风险、“两违”整治等年度重点工作、重点领域、重点企业开展巡察。紧盯重点领域和“关键少数”，加强对领导干部插手干预工程建设项目、土地流转、国有资产交易，内外勾结、搞利益输送等行为的查处，努力化解存量、遏制增量，形成不敢腐的震慑，着力营造风清气正的政治生态。

案例二：中粮集团业绩刷新历史、高增长背后的改革驱动

2021年，中粮集团业绩“超历史、超同期、超预算、超预期”，营业收入超6 600亿元，利润总额超230亿元，主要指标创历史新高，集团业绩持续增长的背后是改革成效的显现。近年来，随着深化国企改革、做强农粮主业，中粮集团坚持“忠于国计、良于民生”的企业使命，不断积蓄动力、释放活力，并以保障农粮市场供应与满足人民美好生活需求为牵引，持续布局全球优势资源，向着打造具有全球竞争力的世界一流大粮商目标坚定迈进。在我国经济向高质量发展加速转向的当下，中粮集团以改革促发展的道路能够为农垦企业发展提供有益的借鉴。

一、加强党建引领增强引力

中粮集团坚决贯彻落实党中央国务院关于深化国资国企改革的重大决策部署，坚定不移地加强党对国有企业的领导。集团持续优化治理结构和管控体系，把加强党的领导和完善公司治理统一起来。集团层面，提出党组前置研究讨论事项清单，将党组“把方向、管大局、促落实”与董事会“战略管理、科学决策、防控风险”有机统一起来，将党对国有企业的领导和建立现代企业制度两个“一以贯之”真正落到实处。下属专业化公司层面，2009年，中粮集团成为蒙牛乳业第一大股东之后，高度重视蒙牛乳业党建工作，探索形成了“党建+企业价值观”双轮驱动的公司治理模式。坚持业务推进到哪里，党的组织就建设到哪里，服务生产经营不偏离。

中粮集团在贯彻落实党中央重大战略决策部署、党的建设等事项中，党委行使决策权；在企业重大经营管理事项中，如重大投资、核心高管选聘等，党委行使把关权；在企业规范化运营和保障员工权益中，党委则行使监督权。中粮集团逐渐形成“以党建带业务、以业务促党建”的高质量发展闭环，为行业摸索出了一条具有标杆参考意义的新路径。

二、持续推进国有资本投资公司改革

作为首批国有资本投资公司改革试点企业，中粮集团在实践中探索集团管控的方式和方法，既坚持国有资本投资公司的功能定位，强化资本管理职能，又从集团实业化公司的特点出发，强化资产管理职能，实行管资本和管资产双轮驱动，对专业化公司“因企施策”，实施差异化管理，最大程度上将释放活力与加强监管统一起来。

中粮资本作为运营管理金融业务的专业化公司和投资平台，在产业链金融方面，充分利用科技赋能产业链发展的契机，与中粮金科、中粮信托紧密配合，打造产业链融资服务，综合提升产业风险管理水平及产业竞争力。数字化金融方面，中粮资本以信息化手段为价值创造赋能，重塑客户体验生命周期，提升产品服务性能。农业金融领域，中粮资本全面树立产业链思维，紧跟农业产权制度改革方向，以金融服务助力构建农业产业闭环，以现代化科技赋能深耕中国农业金融业务。与此同时，中粮资本已形成信托、期货、保险、银行、基金多位一体的金融业务链。

三、探索建立中国特色现代国有企业制度

以完善公司法人治理结构为抓手，明确划定党组、董事会、经理层的决策事项分类清单，充分发挥党组领导核心作用、董事会决策作用、经理层经营管理作用。加快推进以经理层成员任期制和契约化管理、关键核心技术人才激励机制为主要内容的三项制度改革。

集团坚持将党管干部原则与市场化选人用人有机统一起来，在集团层面对所有党组管理的领导人员全面实施任期制和契约化管理，统一签订《任期目标责任书》，明确责权利，真正树立起“有为才有位”的鲜明导向；在专业化公司层面，探索在非绝对控股企业或非核心主业推行职业经理人制度，先后对蒙牛乳业、中国茶叶、中粮酒业长城酒事业部、中粮家佳康生鲜制品部、中粮饲料的总经理岗位开展市场化选聘，按照职业经理人进行管理，打破了国企干部“终身制”的传统思维。自2019年开始，中粮集团在部分专业化公司率先推行三年任期经营目标责任制，作为在年度薪酬基础上新增的激励，将根据三年任期净利润加总值的实现情况来决定激励力度。未达成业绩目标的，实行末位淘汰，对排名后三位的领导班子进行调整。通过高目标、高挑战、高收益，有效激发了业务团队干事创业、打硬仗的动力，推动中粮集团业绩持续提升。

四、推进专业化公司混合所有制与股权多元化改革

除承担保障国家粮食安全任务的粮、油、糖、棉等核心业务外，对其他业务，中粮集团不强求绝对控股，不搞“一股独大”，引入社会资本共谋发展，提升产业竞争力。中粮把科学遴选外部投资者作为混改的核

心因素，综合考量战略协同、优势互补、财务实力、品牌影响力等各项因素，明确投资人选择标准，引入高匹配度、高认同感、高协同性的战略投资者参与公司混改。

中粮资本打破投资人对挂牌标的尽职调查的惯例，主动考察有意向的潜在投资人，重点洽谈未来业务合作可能性与协同性，交流公司治理经验及未来业务发展方向等，寻找真正对公司发展有积极影响的战略投资人。最终择优引进了温氏投资等不同领域排名靠前或有独特优势的七家战略投资者，快速补齐企业在资本、技术、团队、管理等方面的短板，促进业务持续快速健康发展。

作为国资委正式批准的首批员工持股试点之一的中国茶叶，引入厚朴、国寿资管、中粮农业产业基金、中信农业产业基金、三井物产五家投资者，同时增量引入员工资本，实现多元股权架构。混改完成后，中粮集团、员工持股平台分别持有中国茶叶40%、15%的股权，中粮集团是中国茶叶第一大股东，与员工持股平台为一致行动人，保证国有资本相对控股，放大了国有资本功能。混改后，中国茶叶营业收入、利润总额、净资产收益率连续稳定增长，企业发展进入快车道。

按照明确定位、放管结合、分类管理、持续优化的原则，中粮集团将下属专业化公司分为并表企业与非并表企业两类进行管控，出台总部权责清单，厘清总部和专业化公司权责边界，构建差异化授权放权体系。针对非并表的混合所有制企业加大授权放权力度，集团明确管控原则和底线要求，架好框，划好线，授权非并表企业董事会对具体经营管理事项进行审批决策，进一步发挥混改成效。当前，中粮集团所属17家专业化公司中，已有12家通过不同形式引入外部资本完成混合所有制改革或实现股权多元化，通过混合所有制改革引入超过300亿元外部资本，在激发企业活力的同时，有效放大了国有资本的控制力、影响力、带动力。

第四章
农垦企业产业链建设

第一节　农业产业化与农业产业链发展概述

随着市场化农业的发展，有关农业产业链、农业产业化和农业产业体系的概念被广泛提及并在实践中运用。为便于提高农业产业发展的针对性和有效性，避免概念混淆，有必要从理论上对这些相关概念进行归纳梳理，这对于理顺和拓展农业产业链、推进农业产业化经营、壮大中国农业产业体系具有重要意义。

一、农业产业发展理论的概念和内涵

（一）产业、产业发展与农业产业化

从经济系统的角度界定，产业是指由众多门类和层次构成的一种经济系统。一般将国民经济系统划分为农业、工业、服务业三大产业部门，由于农业、工业、服务业又是由若干处于不同层次的细分产业构成的，按照不同层次细分产业所具有的不同属性进行定义，产业是指具有同类属性的企业组合，通常表现为同一产业中的企业从事相同或相近性质的经济活动。

产业发展是相对于产业演化而来的，既包括单个产业也包括产业总体的产生、成长的一个从低级向高级不断演进、具有内在逻辑、不以主观意志为转移的客观历史过程，其实质是这个产业的产业结构由低级向高级变化的过程。

农业产业化是在市场经济条件下，通过将农业生产的产前、产中、产后等环节整合为一个完整的产业系统，实现种养加、产供销、贸工农一体化经营的生产经营方式。农业产业化是农业区域化布局、专业化生产、一体化经营、社会化服务、企业化管理的总称。

（二）产业链与农业产业链

作为生产力和社会分工进一步发展的产物，产业链是基于一定的技术经济关联的各个产业（企业）部门之间，依据特定的逻辑关系和时空布局关系客观形成的具有价值增值功能的链条式关联关系形态；产业链描述具有某种内在联系的产业（企业）群结构，它是相关产业组织形成的一种功能性的网络结构。

农业产业链是一条涉及一二三产业的产业链，是基于一定的技术经济关联的农业产前、产中及产后部门之间，依据一定的逻辑关系和空间布局关系客观形成的具有价值增值功能的链条式关联关系形态。

综合来说，农业产业链的内涵包括以下几方面的内容：农业产业链是由产业（企业）、农户等众多主体链环组成的链条；农业产业链是农业产前、产中及产后部门之间满足彼此供应和需求契约的关系；农业产业链应体现农业产业或者农产品生产的地理空间布局特性；农业产业链包含农业产前、产中及产后部门之间的价值传递和增值过程。

二、农业产业链管理与农业产业化经营

（一）农业企业以农业产业链管理为手段

农业产业链是不同农产品链的集合体，对不同农产品链在产业间的物流、信息、价值、组织链进行管理。农业产业链是一种管理手段，是将农业生产资料供应与农产品生产、加工、储运与销售等环节连接成一个有机整体，并对其人、财、物及信息技术等要素进行组织、协调与控制，以期获得产品价值增值的活动。

（二）农业产业化是企业经营的方向

农业产业化经营是对农业产供销、农工商实行企业化的经营，能够增强企

业的市场竞争力；农业产业化经营是对农工商一体化或产供销一体化过程的总概括，一体化经营是实施农业产业化的关键，是农业产业化的根本。

农业产业链管理和农业产业化经营本质上都要求打破传统的计划体制和生产经营方式，按市场规律的要求将生产资料供应、生产、加工、储运、销售等环节连为一体，通过企业、合作社等组织方式进行农业市场化经营。

三、农业产业链管理的必要性

（一）对农业产业链进行管理有利于提高企业竞争力

通过加强农业产供销或农产品上下游之间的组织、信息、价值和物流的沟通与协调，可实现对农业产业链的整合或农产品链的整合，延伸产业链条，增加农产品的附加值和竞争力。与国外农业跨国公司相比，我国的农业公司及农业产业关联公司在供应链、信息链、价值链等管理方面还很不成熟，需要对产业链加强管理，特别是对具体某一农产品链或某一农业公司的产业链进行管理。

（二）农业产业化经营能够推动产业链经济效益最大化

选择主导产业和建设优势农产品生产基地，是农业产业化经营的两个重要环节，是农业产业化经营取得良好经济效益的重要保证。一个地区、一定时期内主导产业的生产规模大、商品率高，其获取的经济效益也较大，能够较大幅度地增加区域内收入，对区域经济的发展具有很强推动作用。根据市场需要以及各地资源禀赋、农业产业化经营的要求，由政府、企业、农村集体和农户等共同投资，有规划、有重点地建设优势农产品生产基地，能够提高当地社会经济的发展水平。

四、农业产业链管理的主要内容和途径

加强农业产业链管理，要综合运用决策、计划、组织、指挥、控制等管理职能，对农业产业链的人、财、物以及信息与技术等要素进行整合，提高整个产业链的运行效率。

农业产业链管理的主要内容涵盖四个方面，即价值链管理、组织链管理、

信息链管理和物流链管理。就目前我国农业产业链管理发展的状况看，提高农业产业链管理水平的途径也应着重从以上这四个方面入手。

一是加强价值链管理。价值链管理的基本原则是在符合市场需要的前提下，通过农业产业链的有效管理，使产品尽可能地增值。农业产业链中的利益分配由市场来定，是一种供需平衡的结果。在价值链管理中，应通过行政的、法律的、经济的手段加快发展市场，通过政策倾斜来保护和培育市场，如大力发展各种农产品批发市场和零售市场等，通过市场来引导农业产业链发展。

二是加强组织链管理。一方面，基层的农户、专业户、合作社、农业企业等基本经济单位和组织迫切需要在本地区或跨地区围绕某一类农产品建立起农业产业链组织，这种产业链组织可以是紧密的，也可以是松散的；另一方面，上级政府部门、行业管理部门需要引导农民、企业、合作社等进行经济结构和农业结构的调整，以振兴地区经济。政府或上级管理部门通过政策引导、组织规划、协调沟通等手段将分散的农户、专业协会、合作社、企业等组成一条条完善的农业产业链，让市场指挥农业产业链的运转，让产业链系统内部组织自己决定生产什么或生产多少，这样会充分提高组织效率和决策效果。

三是加强信息链管理。农业产业链管理的基本思路是通过信息流来带动农业产业链中的物流与价值流。在农业产业链的管理中，信息初始源头来自市场或消费需求，在获得有价值的市场需求信息之后，反向对农业产业链各环节提出相应要求，产业链的各参与者根据市场的原则加以分工与协作，即用尽量少的投入获得符合市场需要的产品。

四是加强供应链管理。农业再生产是自然再生产与经济再生产交织的过程。在农产品的制种、生产、加工、储运、销售、消费过程中，对农产品的保鲜、冷藏、包装等要求较高，由此要求农业产业链的物流系统必须方便快捷、体系完备，对不同农产品的物流管理还要设计出具体的物流系统，如对在超市销售的鲜奶、冻肉等产品需要建立起冷链物流系统。价值链管理、组织链管理、信息链管理和物流链管理不仅构成农业产业链管理的主要内容，也是提高产业链管理水平的主要途径。

五、农垦企业发展农业产业化经营的对策

（一）培育壮大主导产业

农垦企业在农业产业化发展过程中，应根据当地的资源优势和农业产业发展的基础，因地制宜地做好农业发展规划，合理确定主导产业，根据市场的需求，培育农产品品种和品牌，扩大市场占有量和市场竞争力。发展特色产业，发挥区域经济比较优势，形成品牌优势。

（二）培育农产品加工龙头企业

开拓国内外市场，推进农业产业化经营，发展一批龙头企业，支持企业进行技术改造，做好产品深加工，提高产品质量和档次。鼓励和支持竞争力强的农垦企业加快技术改造，进行整合重组，扩大规模，增强实力。树立现代营销理念，建设新型物流方式，拓宽农产品销售渠道。农垦农副产品加工企业规模较小，达产率低，市场竞争力低，应重点制定融资政策进行扶持，并通过引进知名品牌或品牌整合等方式开拓市场，增强市场竞争力。

（三）加快农业规模化发展

农垦企业产业化经营受传统经营方式的影响，多数农产品基地建设滞后，布局分散，规模小，没有规模效益。有些企业尚未建成独具特色的生产基地，农产品销售市场不广阔，销售渠道不畅，挫伤了职工发展农业产业化的积极性。农垦企业要把基地建设作为产业化发展区域规划的重点，按照区域化、规模化、专业化、标准化、无害化的要求，抓好各类农产品基地建设。

（四）提升科技创新能力

科技创新是推动农业产业化发展的动力。鼓励和支持农垦企业与高校院所开展联合科研攻关，开发有自主知识产权的新品种、新产品、新技术，提高自主创新能力和核心竞争力；农业产业化要在种植或饲养上提高技术含量，如先进的农产品质量管控能力。

（五）建立利益联结机制

建立农垦企业与农户之间的利益关系，形成利益共享、风险共担机制，鼓励农户用土地承包经营权、产品、技术和资金入股，使农垦企业和农户形成利益共同体。优化农业产业结构链条，处理好各生产环节上的利益关系，特别是加工销售企业与农户的关系，农垦企业与农户之间要推行契约化、合同化经营，并以法律形式强化对双方的约束，保障农户的权益不受侵犯。

（六）做大做强主营业务

农垦企业要突出主业，充分利用农垦行业的管理优势、资源优势、农业产业化优势以及人才优势，做大做强农垦产业，在加快发展现代农业方面有所作为。利用农垦农业规模化优势、农业产业化优势和科技示范优势加快发展现代农业，推进产业升级，发挥示范带头作用。根据产业发展和区域特点，有计划、有重点地打造一批现代农业示范区，以点带面，做大做强农垦产业，辐射带动周边农村经济发展。利用农垦的科技示范带动作用，在促进农民增产增收方面做好服务工作。做大做强农垦的产业化龙头企业，为农村的劳动力转移做好示范带动工作。

（七）组建专业化公司

创新农业经营方式，按照“建龙头，带基地，兴产业，占市场”的思路优化配置生产要素，重点扶持、壮大一批农垦农业龙头企业，延伸产业链条，形成产业支撑，推进优质农产品的区域化布局、规模化种植、标准化生产、产业化经营，提高农业生产的组织化、市场化程度，增强农产品的市场竞争力，提升企业综合盈利水平。发挥农垦农业资源多样性优势和区位比较优势，重点培育优势农产品和优势产区，延伸种植及加工销售等优势产业链，组建专业化公司，实施产品品牌战略。

第二节　农垦企业全产业链管理的主要环节

作为农垦企业，在夯实传统优势产业基础的同时，有针对性地补足产业化各个环节的短板，通过全方位、多层次的产业布局，延伸各业务板块的深度与广度，横向联合、纵向集聚，按照生产和贸易供应链、金融供应链、基础设施供应链、人才供应链、公共服务供应链等全产业链模式进行管理，推动一二三产业融合发展。全产业链不仅是产品链，更是人才链、资金链、技术链，只有每条链条都经历锤炼，才能推动改革发展。打造农业全产业链，推动一二三产业融合发展，通过建设农产品生产基地、发展主导产业、统一采购农产品生产资料、对产品进行全面质量管理、开展社会化服务、农产品仓储物流体系建设等方式，与周边农户形成紧密的利益联结机制，带动周边农村调整优化农业结构，增强区域农产品供给结构的适应性和灵活性，提高农业经营的集约化、专业化、组织化和社会化水平。

一、建设生产基地

基地建设是农业产业化的第一步，基地建设情况直接影响农业产业化程度。习近平总书记 2016 年在黑龙江视察时指出，要深化国有农垦体制改革，建设现代农业大基地、大企业、大产业。可见，基地建设是农垦可持续发展的根本保障。

农垦在全产业链基地建设方面具有独特优势。一是农垦土地资源富集。农垦事业起源于大规模连片屯垦开荒，相对于农村小农户经营，具有土地资源丰富且集中的优势。二是农垦组织优势明显。农垦是国有农业经济的骨干和代表，国有企业性质决定了农垦发展以服务国家战略需要为根本宗旨，加之起家于军垦，组织纪律性强。三是农垦农业生产力先进。农垦在良种化、机械化、信息化等农业技术领域一直走在全国前列，农业生产力水平能够满足农产品基地建设的要求。四是垦区区域分布广泛。从亘古荒原到茫茫戈壁，从盐碱荒滩到沼泽丛林，农垦垦荒遍布至鲜有人至的角落，形成了农垦分布广泛、各有所长的区位优势，奠定了能够围绕国家需要、人民需求建设生产基地的客观基础。

2015 年党中央、国务院《关于进一步推进农垦改革发展的意见》明确将黑龙江和内蒙古等垦区定位为“国家大型商品粮和优质奶源基地”；将新疆生产建设兵团定位为“大型优质棉花和特色农牧产品基地”；将北京、上海、天津、重庆等城郊新型垦区定位为“都市型现代农业示范和优质鲜活农产品供应基地”；将广东、广西、海南、云南垦区定位为“国家天然橡胶和糖料基地”；其他垦区要根据区域比较优势建设特色农产品生产基地。建立具有一定规模的农产品商品基地，是推动农业产业化的一项基础性工作。由于主导产业和产品实际上是农业生产专业化分工的结果，在空间地域上的表现形态就是农业生产的区域化布局，而在农业产业化进程中的表现就是农产品商品生产基地。围绕粮棉油、畜禽业和橡胶等主导产业和优势产品建设生产基地，并在建设发展过程中实现产业集聚，形成产业集群。2020 年，北大荒农垦集团粮食产量为 2 134 万吨，约占农垦全年粮食产量的 59.9%；新疆生产建设兵团棉花产量为 213.41 万吨，约占农垦棉花产量的 81.5%。

中央文件明确了各垦区的主导产业、主攻方向，今后及未来一段时间，农垦系统要通过加快制定农垦重要农产品生产供应基地建设规划，加大农田水利设施投入，加强垦区大中型灌区、节水灌溉工程和地表水置换地下水工程建设，推进高标准农田建设，实现旱涝保收高标准农田全覆盖等措施，建设一批主导产业突出、生产力水平先进、商品率高、产品质量安全的大型粮棉糖胶乳肉等农产品生产供应基地，打造更加完备的粮食产业体系，加快提升粮食及重要农产品加工和流通能力，完善仓储物流设施，延长产业链，提升价值链，持续提升综合生产能力和供给保障能力，成为国家稳定可靠的“大粮仓”。

二、统一采购农资

农垦农业生产在投入品管理方面相对薄弱，同时农垦农产品品牌影响力提升的难度也相对加大，农业生产资料采供管理较为分散，存在散、小、乱的现象，农资统一集中采购和配送工作有待加强。

打破散、小、乱局面，实现农资专业化服务，推行大宗农业生产资料统一集中采购，推进农业资源整合后的改进和提升，形成完善和稳定的大宗农资统一集中采购模式，提升农产品质量安全水平，改变单打独斗的局面，减少中间流通环节，降低农业生产资料购置成本。农资统一采购中信息公开透明，能够避免采购过程中可能出现的权力寻租行为。

实行“农田到餐桌”全过程的农产品质量追溯管理，在推行农业标准化生产方面，分散采购往往难以保证农资产品质量，配套农资专业化服务也难以到位，制约垦区农业标准化生产和农产品质量追溯管理工作的推进。实施农资统一集中采购，发挥垦区的组织化优势，根据标准化生产要求、土壤气候条件差异、病虫草害实际发生情况提出个性化的数量需求，由专业采购队伍根据市场行情给各农场提供量身定制的农资产品，实现农资专业化服务，防止假农药、假化肥和过度使用农资等情况的发生。

构建“从上至下、集中管理、分工明确”的农资统一采购供应体系。对投入品质量管控、供应商遴选、采购方式选择、采购款预付控制、农资配送服务等关键作业流程进行规范，制定相应的控制标准。

统一集中采购的农资品种主要包括化肥、农药、秧盘等大宗农资，针对不同农资品种的市场供需情况和交易习惯，采取不同的方式进行统一采购。比如，由于化肥市场价格波动较大，风险也相应增大，化肥采购采取与大型化肥生产厂家进行战略合作的方式，签订框架协议，最大限度地降低成本。对于一些卖方市场的产品，如某些品种的进口农药，由于竞争的产品较少，厂家具有一定的垄断权，农垦企业应采取统一集中采购、进行议价谈判、要求折扣返利等形式，争取更多的利益。

三、发展主导产业

农垦在天然橡胶、棉、油、糖料、乳业、养殖、果蔬等方面有一定的产业基础。

截至 2018 年，农垦橡胶种植面积已达 1 717 万亩，年产干胶突破 80 万吨，改革开放 40 多年来，累计生产天然橡胶 1 800 万吨，有力地支持了国家经济发展和国防建设。农垦橡胶的主产地分布在广东省、广西壮族自治区、海南省、云南省等地的垦区；农垦棉花年播种面积 101. 6 万公顷，年产出棉花 261. 8 万吨，棉花产地主要集中在新疆维吾尔自治区、湖北省、湖南省、河北省、江西省、甘肃省、山东省、安徽省、江苏省等地的垦区；农垦系统年油料种植面积达 30. 6 万公顷，新疆维吾尔自治区、内蒙古自治区、湖北省、湖南省、河南省、吉林省、黑龙江省、江西省、青海省、广东省等地的垦区是油料主产区，年产油料 73. 5 万吨，主要有黑龙江九三粮油、海拉尔合适佳、广垦粮油等油料加工销售企业；农垦系统糖料种植面积达 10 多万公顷，广泛分布在广东省、广西壮族自治区、云南省、海南省、湖南省、福建省、新疆维吾尔自治区、内蒙古自治区、河北省等地的垦区，年产量 712.5 万吨，有广垦糖业、广西糖业、上海光明等糖料加工销售企业；农垦茶园年产量 4.65 万吨，主要有云南农垦旗下的八角亭茶叶公司、广西农垦茶叶集团、安徽农垦皖垦茶叶公司等一大批茶叶生产、加工、销售企业。

农垦乳品产业基础雄厚，年存栏奶牛 136.2 万头，年产牛奶 435.2 万吨，年产乳制品 435.5 万吨，已成长起上海光明、北京三元、黑龙江完达山、广东燕塘乳业等一批上市乳品企业，奶源资源丰富，能够实现奶源加工本地化，产品低温新鲜上市。农垦系统年出栏生猪 881.7 万头、肉羊 1 082.9 万只，大牲畜 309.8 万头，新疆维吾尔自治区、内蒙古自治区、黑龙江省、广东省、广西壮族自治区、湖南省、湖北省、河南省、河北省、青海省、宁夏回族自治区等地的垦区是主要生产基地，北京、上海、广州、天津、重庆等特大型城市是主要销售地，主要有重庆华牧、北京华都、江西鸭鸭、广西永新等畜禽加工销售企业。农垦系统年出水产品产量 173.5 万吨，其中淡水产品产量为 147 万吨，海水产品产量为 26.5 万吨，鱼、虾、蟹、贝、藻等水产品可实现规模化常年上市，对虾产量为 5.26 万吨。广东省、广西壮族自治区、辽宁省、山东省、河北省、福建省、浙江省、江苏省、海南省等沿海垦区是海水产品主产区；重庆市、湖北省、湖南省、江苏省、江西省等垦区以及新疆维吾尔自治区、宁夏回族自治区、云南省等内陆河流和湖泊是淡水产品主产区；主要有湖南大通湖、广西水产和重庆三峡渔业等生产、加工、销售企业。同时，农垦系统的果蔬资源主要有苹果、香蕉、柑橘、柚橙、梨桃、葡萄、菠萝、柿子、红枣、芒果、龙眼、荔枝等，年产 816.9 万吨，主要产区分布在新疆维吾尔自治区、广东省、广西壮族自治区、海南省、云南省、辽宁省、江西省、福建省等地的垦区，有广垦果业、广西水果、海南水果、新疆水果等果蔬加工销售企业。

产业做加法，推动产业链补链强链，在产业链条短缺的情况下，精深加工能力就会疲软。在深加工生产端加力，以标准化生产完善产业链条，从种植到收购、加工、销售等环节，层层把控，形成规范化、生态化的管理模式，打造全产业链条。农垦企业要紧跟产业发展潮流，把加快培育和发展新兴产业“置顶”，在保障原有发展基础的前提下，发展以精深加工业、旅游业、服务业等为代表的高附加值产业业态，调优产业结构，壮大产业发展新动能。构建现代化产业体系，通过农产品深加工等途径，促进农垦农业提质升级，增强竞争力。农垦企业要深挖垦区农作物优势和产业资源，依托种植端规模优势，以产业融合为路径，向农产品深加工要效益，通过建设规模化、集约化、智能化精深加工生产车间，打造农产品深加工体系，丰富市场供给，推动产业提质增效、转型升级，实现市场突围。

各垦区根据自身产业发展基础，按照全产业链和适度多元化的“大食物”产业定位，立足产业优势，重点围绕粮油、种业、橡胶、棉麻、糖业、乳业、肉业、水产产业等基础雄厚的战略产业，实施产、供、销一体化的全产业链，培育农垦国际大粮商，以真正做强农垦企业。

四、全面质量管理

质量是企业和产业核心竞争力的体现，质量问题关系可持续发展。与单纯的追溯制度相比，全面质量管理是以农产品技术法规、质量标准为遵循，对涉及农产品质量的各个环节、各项要素实行对标监管，形成全过程、全领域、全方位农产品质量管理体系。全面质量管理是一个企业以质量为中心、以全员参与为基础、目的在于通过让顾客满意和本企业成员及社会受益而达到长期成功的管理途径。

建设农垦全面质量管理系统，是推动垦区实施强核战略、增加优质产品供给、加强农产品质量安全和食品安全管理的重要保障。农产品质量追溯制度建设，能够强化农产品质量安全责任的落实，提升农产品质量安全保障能力。按照《国家质量兴农战略规划（2018—2022 年）》部署，农垦系统在追溯制度建设基础上，启动了农垦农产品全面质量管理平台建设。

农垦全面质量管理系统收集存储了农药、肥料、兽药、饲料及饲料添加剂等各类投入品登记信息，收集农产品产地环境、生产过程、产品包装等各类质量标准，并通过数字化转译技术将书面标准转化为数字化指标，为质量安全数字化管理提供依据。实现农产品质量安全数字化管理，是将企业采集的环境检测信息、生产记录、产品出厂检验等各类信息，与相关质量标准、技术法规进行自动比对，无须人工介入即可判定农产品生产是否合标合规。

农产品质量管理由事后追溯管理提升到事中质量管理，管理关口不断前移，管理时效性显著提升，实现农产品质量安全实时监管。农垦全面质量管理系统的开发应用，是运用信息技术强化农产品质量安全管理的重要创新，是促进农业标准化、检验农业标准化成果的重要载体，将为农业高质量发展提供重要的基础性支撑作用。作为农垦企业，要实施“大质量”提升战略，通过不断优化全程质控体系，延伸重点销售端，把质量优势转化为市场优势，打造优质农产品供应链品牌，全方位提升农产品核心竞争力。

五、开展社会化服务

开展社会化服务是实现垦地融合、发展适度规模经营的一种形式。2021年实行的《中华人民共和国乡村振兴促进法》提出，鼓励国有农场在农业农村现代化建设中发挥示范带动作用。农垦通过为周边农民提供大型农机作业、农业投入品供应、农产品加工和购销等社会化服务，增强对周边区域辐射带动能力，有利于提升小农户发展现代农业的能力，加快推进农业农村现代化，夯实实现乡村全面振兴的基础。此外，发展社会化服务有利于强化国有农场的农业统一经营管理和服务职能，不断放大农垦农业专业化、集约化、规模化、组织化优势。

农垦具备发展社会化服务的基础，从社会化服务本身的需求而言，一是农垦现代农业发展水平高。新形势下农垦承担的战略使命之一是“努力将农垦建设成为中国特色新型农业现代化的示范区”，通过提供社会化服务，支持小农户运用优良品种、先进技术、物质装备等发展设施农业、循环农业等现代农业。二是农垦组织带动能力强。农垦与农村集体经济、农户家庭经济、农民合作社经济等共同构成中国特色农业经济体系。作为中国特色农业经济体系不可或缺的重要组成部分，农垦能够发挥龙头企业带动作用，把小农户引入现代农业发展轨道。

农垦在发展社会化服务过程中，以市场需求为导向，充分尊重农户意愿，形成“国有农场＋农户”的社会化服务模式，带动农民分享农业产业链一体化增值收益。一是健全农垦农业社会化服务体系，通过土地托管、提供农资、代耕代种代收、动植物疫病防治等多种方式，加快先进技术推广和生产服务输出，推动农业发展方式转变，提高全要素生产率。二是打造农业全产业链，推动一二三产业融合发展，通过保护价收购、订单农业、股份分红、价格联动等方式，与周边农户形成紧密型利益联结机制，带动周边农村调整优化农业结构，增强区域农产品供给结构的适应性和灵活性。三是创新农业社会化服务方式，以股份合作、服务带动、人才输出等多种方式，促进周边农村培育专业大户、家庭农场、合作社等新型农业经营主体，推进农业适度规模经营，提高农业经营的集约化、专业化、组织化、社会化水平。

近几年各垦区围绕服务国家战略，适应现代农业发展的新态势，大力发展社会化服务，探索出了几类较为成熟的模式。例如北大荒农垦集团依托 13 家区域农垦综合服务中心，以种子、农资、农机、土地托管等为重点，为农户提供涵盖耕种、收产加销等农业种植销售全环节的服务。安徽省农垦集团依托农业服务股份有限公司，探索出“公司 + 大户 + 小农户”“公司 + 合作社 + 小农户”“公司 + 村委 + 小农户”三种托管模式，形成了全程托管、订单生产和服务带动三个服务圈层。

作为国有农业企业，农垦是国家粮食安全的重要保障力量，是推动乡村振兴、实现农业农村现代化的重要引领力量，是深化农村改革、实现共同富裕的重要推动力量，是实施农业“走出去”、应对世界粮食危机挑战的重要依靠力量。农垦企业要担负起农业经济建设和农产品生产供应的使命，建设专业水平高、服务能力强、服务流程规范、覆盖全产业链的农业社会化服务体系，提高农业社会化服务水平，在农服领域打响农垦品牌，使区域农服质量深入人心。

六、建设仓储物流体系

随着农垦改革不断深化，农垦企业向着成为具有国际竞争力的现代农业企业集团发展，建设完备高端的仓储物流体系是关键环节。农垦的农产品仓储物流体系发展滞后，个别农垦企业针对有市场竞争力的产业具备完善的仓储物流体系，其他农垦企业仓储物流体系仍处在建设期。农垦企业仓储物流体系整体存在农产品物流节点规划不合理、冷链物流发展滞后、物流网络智能化水平低等问题，这与农垦企业参与市场竞争能力不够强、产品商品化率低、精深加工产品数量少等客观条件密切相关。

“十三五”期间，农垦提出加强流通体系建设，进行农垦农产品加工流通布局，不断完善物流配送体系，整合商贸物流资源，降低物流成本，有效完善了物流体系建设。以服务国家战略为前提，以各垦区战略定位、实际发展情况为依据，提出在黑龙江、内蒙古、江苏、安徽、辽宁、湖南、湖北、河北、吉林、江西建设粮食仓储设施；在海南、云南、广东、上海、青岛、天津建设天然橡胶仓储设施；在哈尔滨、大连、天津、郑州、上海、南京、武汉、重庆、广州、西安、乌鲁木齐重要流通节点建设现代物流中心。农垦建设现代化仓储物流体系的重点是要解决农产品销售中的突出问题，加强农产品产后分级、包装、营销，建设现代化农产品冷链仓储物流体系，打造农产品销售公共服务平台，健全农产品产销稳定衔接机制，建设具有广泛性的促进农垦电子商务发展的基础设施。

农垦系统的仓储物流体系建设应在以下几个方面下功夫：一是统筹布局农垦农产品仓储、物流、营销网络，促进流通资源整合共享，完善设施设备，优化运营管理，强化品牌战略，发展新型流通业态，构建农垦大流通体系。二是完善仓储物流体系，重点加强农产品晾晒、烘干、仓储和冷链物流设施建设，在重要流通节点建设现代物流中心，加强与第三方物流的合作，打造农垦农产品物流网络，做强农垦流通企业，全面提升流通效率。三是完善批零结合、畅通高效、覆盖全面的农垦农产品线下销售网络，实施“后备箱”工程。四是发展电子商务，做强现有自营平台，加强与第三方大型电商平台合作，健全配套设施与服务，提高农垦电商总体竞争力。此外，要实施品牌战略，扩大中国农垦公共品牌影响力，加强品牌传播与管理，强化产品品质、技术、服务、营销等对品牌价值的支撑，构建中国农垦品牌体系。

七、促进一二三产业融合发展

农垦企业具备实现一二三产业融合发展的产业组织优势，能够解决其他农业经营主体难以解决的土地集约化经营和规模化经营的问题，发挥农垦土地的规模经济效应；农垦地区具有产业集聚优势，对于一二三产业融合过程中构建具备地域特色和市场竞争力的产业集群非常有益；农垦具有所有制优势，既能作为现代农业产业龙头，取得政府的大力支持，又能在实现三产融合发展和各产业链上的企业组织整合方面，吸引大量社会资本参与，构建全产业链竞争优势；农垦企业具备资金、技术研发、品牌和管理优势，能够以资本为纽带，以科研和管理为后盾，培育具有国际竞争力、产业齐全、功能完备的大型现代农业企业集团。各垦区应根据资源禀赋特征和产业发展优势，充分利用科技手段和组织制度创新，打造产业融合、功能全面、优势突出的现代农业产业链和企业集团，围绕巩固提升一产、拓展强化二产、大力发展三产，实施农垦国际大粮商战略。建设农垦现代农业示范区和产业融合先导区，推进农产品加工转型升级，加强流通体系建设，建立健全服务体系，促进一二三产业深度融合。

第三节 企业产业链发展案例

案例一：九三集团三产融合发展案例

作为中国农业产业化龙头企业，九三粮油工业集团（以下简称九三集团）充分发挥资源、布局、规模、资金和品牌五大优势，延伸产业链、提升价值链、完善利益链，全力打造大豆全产业链条。经过多年探索，形成了以工带农、以工兴农、工农互促，集订单种植、加工转化、仓储物流、品牌营销、产融结合于一体的九三集团三产融合模式。该模式主要特点是以二产（农产品加工业）为龙头，携三产（仓储、物流、金融、营销、工业旅游等）带动一产，是农产品加工企业、农场农户、地方政府三方共赢的一二三产融合发展模式。

（一）发挥龙头企业优势，带动一产发展

九三集团抢抓国家推进优质粮食工程之机，结合自身发展需要，实施“大基地”战略。在国产大豆种植面积逐年减少的情况下，为保证优质纯正的非转基因大豆油原料供应，集团以市场需求为导向，充分发挥龙头企业的带动辐射作用，整合资源、统筹规划，探索“龙头＋基地”模式，打造原料供给大基地和质量追溯体系，为“九三”品牌背书，增强企业发展后劲，促进企业增效、农民增收。

借力垦区改革，推行“订单式”种植模式。探索“产地 IP＋全渠道＋全场景”产销一体化的新模式，与京东超市、北安分公司开展战略合作，共建 5 万亩非转基因大豆种植基地。建立了大豆加工产品从加工源头到加工过程、再到产品销售的全环节可追溯管理体系，保证原料产地可追溯率 100%，实现了从农场到家庭、从田间到舌尖上下游的无缝链接，对践行“大基地”战略和垦区集团化改革起到示范引领作用，为“九三”品牌塑造提供强大支撑，也为北大荒绿色智慧厨房榜单产品增添新元素、新亮点。

引进金融资本，维护农民利益。采取“农业+保险+期货”的模式，推进“大基地”战略落地。通过引进产业资本，形成九三集团、供应商、种植大户、金融机构四者之间的有效、稳定的联结关系。收入险能够有效降低农户因自然灾害和市场波动引发的综合风险，切实保障农户收益。

按照北大荒集团“双控一服务”“企业+基地”一体化经营的战略部署，九三集团借鉴国际大豆风险管理模式，结合前期探索实践，创新开展“基差定价”收购模式。九三集团与北大荒集团分公司、农场或其他经营主体，签订“基差定价”采购协议。该模式一方面可以让种植户和农场提前锁定销售渠道，解决粮食仓储和售卖期价格波动风险问题，赋予其自主定价的权利，根据自身对市场的判断，决定商品的最终价格，获得更高收益；另一方面，集团通过对金融工具的掌握和现货交割渠道的管理，帮助农场锁定高价的同时，锁定货源，获取一定的加工或贸易利润，加强了基地之间的联系，此举对于建立可追溯体系、加强自身品牌建设也产生了正向效应。

（二）做强做大主业，献力二产发展

大豆加工是九三集团的主营业务，在深耕东北区域的基础上，集团按照“占据华北、拓展华中、延伸西南、进军华东、布局全国”的战略规划，坚持“质量与数量”并重，采取租赁、并购、新建等方式，提升产能，扩大规模，夯实压榨行业前三的地位，稳固非转基因大豆油行业第一的位置。

发展壮大“食品板块”，打造非转基因品牌。九三食品公司作为集团的北方运营中心，是集团构建价值链、坚守非转基因战略的主力作战军团，发展目标为“打造非转基因领军品牌、建设中国有影响力的上市公司”，明确了“插上科技的翅膀、踏上资本的快车、搭上新营销的风口，做品牌引领者，实施‘品牌+资本+营销’经营策略，快速成长为非转基因食用油行业的领头雁”的战略定位。九三食品公司致力于把“九三”品牌打造成为非转基因豆油第一品牌、非转基因食用油领军品牌、非转基因食品领袖品牌，在大豆产业不断深耕和发展，使企业成为国内最大的非转基因大豆油生产加工

企业，可生产植物油、食品添加剂、胶囊保健品、精油类产品、食用豆粕、豆饼粉和其他产品七大类100余种非转基因大豆加工产品，实现了从原料种植、收购加工、成品出厂多点位建立非转基因自控屏障。

做优做强“压榨板块”，夯实行业三甲地位。九三集团倾力打造的以中垦国邦为主体的“压榨板块”，是企业最主要的收入来源，具有规模优势和市场影响力。该板块以借助资本力量构建稳定、持续的盈利和风控模式为目标，是九三集团的京津运营中心。通过走规模化、资本化、下延化（向下延伸）路线，实施“规模＋期货＋风控”经营策略，以进口大豆压榨业务为主，发挥精益化的生产管控、精细化的压榨利润管控和精准化的财务管控模式优势，以资本为纽带，以风险防控为重点，抓规模和精益化管理，强化期货、期权、套保、利率、汇率等业务的有机结合，使企业在中美贸易摩擦、新型冠状病毒肺炎疫情、行业普遍经营困难的情况下，仍然实现稳健经营，企业利润稳定增长。

重视科技创新与研发，依托国家级博士后科研工作站和具有国际先进水平的食品安全检测中心，本着为消费者提供“天然、营养、安全、健康”产品的宗旨，努力提升产品附加值，为产品溢价提供了有力支撑，打造了全国最大的非转基因大豆精深加工生产及研发基地，成为全国最大的非转基因有机豆饼粉生产商。近两年，结合消费者对营养健康饮食日益推崇的消费升级实际，针对包装化、品牌化、高端化的消费趋势，九三集团相继研发出多种食用油新品，推出了冷榨、鲜榨、精榨大豆油等产品。

（三）拓展业务领域，促进三产发展

在充分发挥各方优势的基础上，九三集团构建起了东西南北、国内国外优势互补的战略格局，已成为油脂加工行业的领军企业，但与竞争对手相比，仍然存在产业链相对单一等劣势。面对劣势，九三集团在巩固二产加工实力、带动一产基地建设的同时，在固链补链强链上下功夫，围绕产业链关键环节和延伸方向，在仓储、物流、营销、资本和工业旅游等方向下功夫，挖掘资源优势，提升全产业链发展能力。

建设仓储设施，推进“三库一中心”建设。集团结合企业实际实施“大仓储”战略，根植东北，打造大豆产地仓储供应库，整体仓容量达50.3万

吨，获得中央储备大豆代储资质的仓容35万吨，仓储设施地处黑龙江省非转基因大豆主产区，周边收购区域辐射多个大型国有农场，能够充分利用非转基因大豆种植区域的布局优势进行大量收购。九三集团一直注重产后服务体系建设，立足解决农民粮食收获后储存难、降水难、卖粮难、增收难等问题，形成了完善的服务体系，为粮食提质提价发挥了积极作用。

九三集团提出“大物流”战略指导思想，并对集团物流业务全局谋划，成立铁岭恒通物流公司，以专业公司为依托，打造企业物流园区。九三集团通过自建和合作创建物流公司，形成公铁联运、铁海联运的物流体系，为集团发展提供物流保障。集团领导做九三产品带货官、邀请网络红人为九三带货，掀起九三新媒体营销热潮，破解受疫情影响线下销售、餐饮销售遇阻的困局，走出一条营销发展新路径，实现营销业绩新突破，奠定九三营销线上、线下“双腿”走路的根基。

实施“大资本”战略，将汇率、利率、期货等资本与现货实业有机结合，推动整个大豆压榨产业链构建期现结合的市场经营和风险管理体系。利用期货及相关交易工具，在沿海工厂大力推广豆粕豆油基差贸易，并引导客户从不了解期货到接受期货，形成自己的期货交易理念。该模式的推广既有利于企业锁定利润，也有利于下游客户规避风险，为行业的创新发展提供现实借鉴。通过期货工具将定价权让渡给各产业的下游产业，配合自身期货套保，能够积累基差点价贸易实战的经验，扩大产业链影响力。

将国家级绿色工厂——哈尔滨非转基因大豆深加工基地，作为工业旅游窗口和粮油领域科普基地，向消费者和学生展示企业的先进管理理念、独特的企业文化以及开放的车间、透明的生产和现代化的流水线，感受九三集团卓越的质量文化和追求绿色、安全、营养的品牌文化。

案例二：中粮集团全产业链发展案例

中粮集团有限公司是与新中国同龄的中央直属大型国有企业，是中国农粮行业领军者，全球布局、全产业链的国际化大粮商。以做“立足中国的国际一流粮食企业”为宗旨，以农粮为核心主业，聚焦粮、油、糖、棉、肉、乳等品类，经过70多年的发展，中粮集团已成为一家集贸易、加工、销售、研发于一体的投资控股公司，在中国市场处于领先地位，业务遍及全球140多个国家和地区。截至2021年底，集团资产总额为6 860亿元，2021年度集团整体营业总收入为6 649亿元、利润总额为238亿元。

2009年，中粮集团正式提出“全产业链粮油食品企业”战略。以消费者为导向，打造“从田间到餐桌”的全产业链，覆盖从农产品原料到终端消费品，包括种植、采购和仓储、物流、贸易、加工、养殖屠宰、食品制造与营销等多个环节，促进上下游协调一体，通过对各个环节的有效协同和控制，打造“安全、放心、健康”的食品产业链。中粮集团的全产业链战略最终要实现多个产业空间链的整合，使各产业链之间的协同效应最大化，实现综合运营，形成整体竞争优势。其全产业链发展路径如下。

（一）整合重组关联产业，形成综合产业群

以全产业链战略为引领，先后重组中土畜、中谷、华粮和华孚四大央企，并购新疆屯河、丰原生化、华润生化等农产品公司，入股蒙牛并支持蒙牛并购雅士利、现代牧业等食品公司；收购深宝恒、借壳侨福地产，形成中粮地产业务两地上市、双轮驱动的新格局；牵手英国英杰华保险、美国怡安保险，入股大庆商业银行、龙江银行，并购伊斯兰国际信托，不断拓展充实中粮金融业务。通过并购重组，丰富了业务组合，提升了业务规模，国内产业布局基本形成。

2013年，在综合把握国家政策、供求格局和自身实际的基础上，决定加快国际化步伐，更好利用两个市场、两种资源保障国家粮食安全。2014年，并购尼德拉和来宝农业，初步形成了国际大粮商的全球布局，造就了中国粮油领域规模最大的一次“走出去”。

2005—2015年是中粮集团实现跨越式发展的重要阶段，总资产从676亿元增长到4 590亿元，营业收入从441亿元增长到4 054亿元。其间，集团完成了三大转型：从贸易企业转型为集粮油、食品、金融、地产为一体的多元化企业集团；从国内资本企业转型为拥有11家上市公司、2家海外公司的国际化企业；从一般性的国有商贸企业转型为维护国家粮食安全、服务宏观调控的经营主体。

（二）贯通全产业链上中下游，打造垂直整合产业链

打通产业链上下游贯通性，建立种植、养殖基地，建设综合性农业产业园，发挥产业集聚优势。在东北三省、华中地区等多个省份建立稻米种植基地。在新疆、内蒙古和东北三省等地设立一批自主生产基地，涵盖了番茄、大米、茶叶、葡萄等原料作物种植，从源头上控制了产品的质量安全问题。截至2017年，中粮集团在全国各地建有9个综合性粮油贸易加工产业园，2016年产业园总产值超过360亿元。江苏张家港的东海粮油是典型代表，经过二十多年发展，东海粮油已成为亚洲最大的综合粮油食品加工基地，2016年产品销量超过400万吨，销售收入148亿元。东海粮油从规划建厂开始就考虑业务上下游之间的供货协同，按照不同产业实现平台共享、资源共享的原则进行工厂布局。比如饲料加工业务，可以直接在内部消化米糠、麸皮、豆粕等原料产品，节省了运费，缩短了采购周期，基本实现饲料加工的零库存。

通过自建、并购和建立战略合作关系三种方式整合中游食品加工能力。在水稻主产区投建超过10处大米加工基地，总产能超过200万吨，确保上游原粮掌控；在东北建立2家20万吨规模的稻谷原料加工厂；在南方与当地企业形成战略合作关系，极大提高了产能。并购五谷道场、蒙牛乳业等知名食品企业，进入食品饮料市场。中粮集团还花费数亿元打造中粮营养健康研究院，实现对中游食品加工业的自主研发。多线产品通过研发创新，有效提升了品牌核心竞争力。

搭建自有电商平台，并整合酒店、商场、旅游地产等终端产业。中粮我买网涵盖粮油主食、休闲零食、肉禽水产、水果生鲜、酒水饮料、家庭用品等上百种品类，专注于服务年轻白领一族和居家生活群体，已经跻身中国电子商务领域前列。在城市服务领域，中粮集团地产业务主要包括商业地产、住宅地产和旅游地产。商业地产以打造大悦城城市综合体系为主线，现已成功推出北京西单大悦城、北京朝阳大悦城、沈阳中街大悦城、天津大悦城、上海大悦城等8个运营项目。目前，已经在全国各地建立起超过125家全产业链加工子公司，在主业的八大领域建成了较为完善的产业链布局。

（三）探索农业社会化服务模式，与农户实现利益共享

发挥自身产业优势，推进农业生产标准化、规模化、集约化，为农户提

供产前、产中、产后的农资、农机、农技、销售、金融、培训等服务，成为保障农产品供给、带动农民增收的重要力量。建立良好的利益联结联农带农机制，促进小农户与现代农业的有效衔接，实现“有产业、一起干、一起赚”。2016—2021 年，集团为农户提供收储、农事、金融等全产业链服务，累计服务面积超 1 000 万亩，累计收购粮食超 1 000 万吨。

通过品种选育、统一供种、连片种植、科学管理、优质优价回收等模式，提高优质品种种植面积。结合黑龙江省延寿县当地资源特点，建立农产品标准化原料基地，以“订单农业”推进当地水稻技术、种植、加工、品牌打造及基础设施建设。

组织农户统一与银行洽谈，获得低息贷款。与保险公司合作，创新种植业附加险等新险种，降低农民种植风险。中粮期货推出了大豆、玉米种植“保险＋期货”产品，有效降低种植风险。“农业贷款难、融资贵”是制约新型农业经营主体发展的主要因素，中粮集团旗下中粮贸易针对种粮大户、合作社等新型农业经营主体扩大生产经营规模、满足其资金需求，推出“种植贷”，支持新型农业经营主体持续稳定经营。以股权为纽带，吸纳农户带地入社、土地托管，通过“公司＋合作社＋农户”模式，将农民纳入产业链，成为产业链上的关键一环。通过“土地入股分红、入社务工增收、公司带动分红”的方式，实现“资源变资产、资金变股金、农民变股东”，让农民持续分享产业增值带来的收益。

第五章
农垦企业市场营销管理

第一节　市场营销管理概述

一、市场营销管理的基本内涵

（一）市场的含义

“市场”一词，最早是指买主和卖主聚集在一起进行交换的场所。随着时代发展，市场被定义为某种产品现实购买者与潜在购买者需求的总和。市场包含三个主要因素，即有某种需要的人、为满足这种需要的购买能力以及购买欲望，用公式表示：市场 = 人口 + 购买力 + 购买欲望，市场的这三个因素相互制约，缺一不可，三者结合起来构成现实市场，决定市场的规模和容量。

（二）营销的含义

营销是以满足人类各种需要和欲望为目的，通过市场变潜在交换为现实交换的一系列活动和过程。具体来讲，营销是吸引顾客并管理有利可图的客户关系，用超值产品或服务吸引新客户，递送价值和满意来强化现有客户的过程。

营销与销售或促销的区别在于，现代企业营销活动包括营销调研、市场需求预测、新产品开发、定价、分销、物流、广告、公共关系、人员推销、销售促进、售后服务等，而销售仅仅是现代企业营销活动的一部分，且不是最重要的部分。

营销的目的是交换。营销的含义随着企业营销实践的发展而发展。美国营销协会 1985 年将其定义为：营销是关于构思、货物和服务的设计、定价、促销和分销的规划与实施过程，目的是创造能实现个人和组织目标的交换。在交换双方中，如果一方比另一方更主动、更积极地寻求交换，则前者称为营销者，后者称为潜在顾客。

（三）市场营销理论

市场营销理论于 20 世纪初期从经济学中分化出来，历经 100 多年发展，如今已形成较为完善的理论体系，在指导人类经济活动中发挥至关重要的作用。起初，市场营销理论只是一些零散的概念和理论，随着全球经济的不断发展，人们对于市场营销理论的研究不断增多，使之逐渐趋于体系化、条理化，至今仍在发展与完善之中。

二、市场营销理论发展过程

市场营销理论由兴起到完善，历经一个动态的发展过程。总体而言，市场营销理论的发展历程主要从三个方面加以概括：一是从 4P 营销到 10P 营销，二是从 4P 营销到 4C 营销，三是市场营销理论发展新趋势。

（一）从 4P 营销到 10P 营销

在 20 世纪 50 年代的买方市场背景下，形成了 4P 经典营销理论。4P 即为产品（Product）、渠道（Place）、价格（Price）以及促销（Promotion）。该理论指出，只要企业依据 4P 来设置营销组合，就能创造良好的销售业绩。随后 4P 营销理论进一步发展，逐渐发展为如今的 10P 营销理论。企业首先必须做好探查（Probing）、优先（Prioritizing）、分割（Partitioning）以及定位（Positioning），并精通产品、渠道、价格和促销四种营销战术。此外，企业还要善于运用公共关系（Public relations）和政治权力（Political power）技巧。科特勒认为，只有在搞好战略营销的基础上，战术性营销组合的制定才能顺利进行。

（二）从 4P 营销到 4C 营销

经济全球化趋势促进了世界贸易的繁荣，企业之间的竞争日益激烈。罗伯特·劳特朋（Robert Lauterborn）于 20 世纪末提出 4C 理论，对经典营销理论发起挑战，使市场营销理论发展到一个新高度。4C 理论强调四个要素，即顾客（Customer）、成本（Cost）、便利性（Convenient）以及沟通(Communication)，其中“顾客”是相对于 4P 营销理论的“产品”而言的，强调顾客是企业营销活动的重中之重、顾客的重要性远远大于产品，因此企业的营销活动应该首先研究顾客的需求，在此基础上制造顾客想要的产品；“成本”是针对经典营销理论中的“价格”，它要求企业从顾客肯付出的成本这一角度给产品定价；“便利性”是相对于“渠道”或者“分销”而言的，企业应从顾客购置产品的便利性着手展开营销活动，做到售前、售后以及时时处处让顾客满意，而不是一味地优化销售渠道或者选择销售地点；“沟通”则是要求企业要尽可能与顾客互动沟通，以积极、灵活的方式与顾客保持良好关系，从而获得更多的忠诚消费者。总的来讲，4C 营销理论是对 4P 营销理论的继承与发展，这一创新与演进使得市场营销理论得以完善。

（三）市场营销理论发展新趋势

当今市场竞争不断加剧，得到实惠的消费者的要求日趋苛刻，企业面临着愈加不确定的营销环境，这种变化趋势很有可能持续下去。

1. 顾客对产品和服务的要求越来越高

顾客渴望以合理价格、快捷服务得到可靠、耐用的产品，并满足自身需求。但不同顾客的欲望和需求并不一样，企业需选择一个使产品尽可能与需求吻合或接近的市场，集中资源创建竞争优势。长期来看，顾客需求缺乏稳定性，产品如果没有持续的优化和提高，消费者会转向其他供应商。

2. 顾客不会轻易为产品和服务支付高价

精心建立和妥善管理的品牌与无品牌产品相比，能够设定更高价格，但这种区别较之过去变小。一方面，互联网时代信息壁垒被打破，消费者越来越依靠口碑信息进行购买；另一方面，顾客也越来越懂商家的营销手段，低质低价的产品很难吸引购物经验丰富的顾客。网站帮助顾客快速比较相互竞争的产品，还提供不同网点同种产品的价格。

3. 竞争水平和性质发生新的变化

互联网在产品、服务营销中得到广泛运用，市场范围空前扩展。越来越多的企业开始以全球化的眼光来看待战略，从快餐、玩具、电脑到汽车等均出现跨国细分市场。市场竞争更为激烈，弱小公司因缺乏明确定位和足够规模在市场上逐渐衰退，繁荣发展的企业变得更有竞争力。

4. 合作共赢与社会责任意识逐渐增强

随着市场需求更加苛刻，竞争越来越残酷，企业需要与其他机构谋求合作。近年来，企业在应对激烈的市场竞争时，还要善于谋求合作共赢，企业与供应商、消费者，甚至竞争者之间的协作日渐增多，为顾客提供优质产品或服务的同时，自觉承担社会道义和环境责任。经济效益和社会责任的有机融合可以为企业创造更加可持续的竞争优势。

三、营销管理过程

营销管理过程是企业为实现任务和目标而发现、分析、选择和利用市场机会的管理过程。具体来说，营销管理过程包括如下步骤：分析市场机会、选择目标市场、设计营销组合和管理营销活动。

（一）分析市场机会

营销学认为，寻找、分析和评价市场机会是营销管理人员的主要任务，也是营销管理过程的首要步骤。在现代市场经济条件下，由于市场需要不断变化，任何产品都有其生命周期，因此每一个企业都必须经常寻找、发现新的市场机会。营销管理人员可采取以下方法来寻找、发现市场机会。

1. 收集市场信息

营销人员通过上网浏览、阅读报纸、参加展销会、研究竞争者的产品、召开献计献策会、调查研究消费者需要等来寻找、发现或识别未满足的需要和新市场机会。例如，上海曹杨新村街道工作人员通过阅读报纸了解到不少在本市高校留学的外国学生对中国家庭文化感兴趣，又考虑到许多下岗职工也有强烈的再就业愿望，推出了“家庭旅游”业务，收到良好的效果。

2. 分析产品/市场发展矩阵

营销人员可利用产品/市场发展矩阵来寻找、发现增长机会。例如，某蜂蜜生产企业营销人员考虑采取一些措施，在现有市场上扩大该公司蜂蜜销售（市场渗透），或者在其他地区市场扩大蜂蜜的销售（市场开发）；还可以考虑向现有市场提供蜂蜜相关产品，或者改进蜂蜜包装、成分等，以满足市场需要，扩大销售（产品开发）；甚至可以考虑进入其他行业，跨行业经营多种多样的业务（多元化经营）。实践证明，这是企业寻找、发现市场机会时一种很有用的方法。

3. 进行市场细分

市场细分是指企业按照某种标准将市场上的顾客划分成若干个顾客群，每一个顾客群构成一个子市场，不同子市场之间的需求存在着明显的差别。市场细分是选择目标市场的基础工作。市场营销在企业的活动包括细分一个市场并把它作为公司的目标市场，设计正确的产品、服务、价格、促销和分销系统“组合”，从而满足细分市场顾客的需要和欲望。营销人员还可通过市场细分来寻找、发现最好的市场机会。营销人员不仅要善于寻找、发现有吸引力的市场机会，而且要善于对所发现的各种市场机会加以评价，决定哪些市场机会能成为有利可图的企业机会。

在现代市场经济条件下，某种市场机会能否成为某企业的企业机会，不仅要看利用这种市场机会是否与该企业的任务和目标一致，而且取决于该企业是否具备利用这种市场机会、经营这种业务的条件，取决于该企业是否在利用这种市场机会、经营这种业务上比其潜在的竞争者有更大的优势，只有这些条件都具备才能具有更大的差别优势。

（二）选择目标市场

营销管理人员发现和评估了有吸引力的市场机会之后，还要进一步进行营销调研和信息收集工作，如市场测量和市场预测工作等，据以决定企业应当生产经营哪些新产品，决定企业应当以哪个或哪些市场为目标市场。

1. 市场集中化

这是最简单的一种模式，企业只选择一个目标市场，只生产一类产品，供应单一的顾客群。企业更清楚地了解子市场的需求，从而树立良好的信誉，在该市场建立起牢固的地位。同时，公司通过生产、销售和促销的专业化分工，实现规模经济效益。但是，单一市场的风险比较大，一旦所选择的市场中需求发生变化，企业可能会面临倒闭的危险。如果企业具备在某一子市场从事专业化经营的优势地位与条件，或限于财力只能经营单一市场，或该子市场的竞争对手较少，企业可选择市场集中化策略。

2. 选择专业化

企业有选择地进入几个不同的子市场。每个子市场都具有良好的盈利潜力，且与企业的目标和资源条件相符合。这些子市场之间很少或根本不发生联系。选择专业化能够很好地分散风险，但也分散企业的力量，因此采用选择专业化策略的企业应具有较多的资源和较强的营销实力。

3. 产品专业化

产品专业化指企业同时向几个子市场销售一种产品。企业通过这种战略可在特定的产品领域树立良好的形象。但一旦新技术、新产品出现，企业会面临效益滑坡的危险。

4. 市场专业化

市场专业化指企业集中力量满足某一特定顾客群的各种需要。这种模式能更好地满足顾客的需求，树立良好的信誉。企业还可以向这类顾客群推销新产品，使其成为新产品有效的销售渠道。但一旦顾客需求发生变化，企业会面临收益下降的风险。

5. 市场全面化

市场全面化指企业为所有顾客群提供他们需要的所有产品。只有实力强大的大公司才能采取这种策略。

（三）设计营销组合

营销组合是企业营销战略的一个重要组成部分。美国营销学教授麦卡锡指出，企业的营销战略包括两个不同而又互相关联的部分：一是目标市场，即一家企业拟投其所好的、需求颇为相似的顾客群；二是营销组合，即企业为了满足这个目标顾客群的需要而组合搭配、灵活运用可控制的变量。

（四）管理营销活动

企业营销管理过程的第四个步骤是管理营销活动，即营销计划、组织、执行和控制。这是整个营销管理过程中极其重要的步骤，如果企业没有周密的营销计划，营销工作就失去了方向和目标。营销计划制定后，还要靠有效的组织系统去执行和实施。因此，制定营销计划仅仅是营销管理工作的开始，企业制定营销计划之后，还要花很大力气来执行和控制营销计划。

第二节 农垦企业市场营销策略

随着我国农产品市场化程度的不断加深，市场营销策略广泛融入农产品的生产、加工、流通、交易、零售等各个环节。农垦企业也进一步强化市场意识，树立全面市场营销理念，把计划经济条件下的“生产第一”观念转变为“市场第一”观念，将满足市场需求作为农垦企业生产经营的出发点和归宿，根据市场环境变化及时制定、调整营销战略，并指导整个生产经营活动，树立营销的领导地位。对农垦企业来说，市场营销主要围绕产品、价格、渠道和促销四个方面展开，具体包括农产品品牌的建设、价格体系的构建、渠道的开拓与连通以及促销策略的动态化管理。

一、产品策略

产品是指能提供给市场，用于满足人们某种欲望和需求的任何事物，包括实物、服务、场所、组织、思想、主意等，是核心产品、形式产品和附加产品的总和，企业市场营销活动中所谋求的是产品最优组合。农垦企业市场营销的产品策略包括两个方面，一是努力打造优质农产品，二是加强农垦品牌建设。

（一）打造优质农产品

“打铁还需自身硬”，农垦企业营销的前提是农产品质量过硬。农垦是我国“绿色食品”的开拓者、农产品质量追溯的先行践行者，作为保障国家粮食安全和重要农产品有效供给的“国家队”，充分利用自身优势打造优质农产品。

1. 制定规范标准，打造农产品质量安全追溯系统

农垦全力打造农业全产业链质量管理，推进农业生产全程标准化，建立“从田头到餐桌”的农产品全面质量管理体系，保障农垦农产品质量安全。目前，农垦农产品质量追溯企业已达到 601 家，示范带动 130 多家地方农业企业、农民专业合作组织建立农产品质量追溯系统，追溯产品涵盖了谷物、水果、蔬菜、茶叶、畜禽、蛋、奶、水产等主要农产品以及葡萄酒、罐头等农产品加工品。随着农垦全面质量管理工作的推进，农垦农产品已逐渐成为优质放心农产品的代名词，高质量提升了“中国农垦”品牌建设的核心价值。

2. 抓好安全管理体系建设，严把“源头关”

农垦企业发挥组织优势，建立健全农产品质量管理安全生产管理制度，有效指导农户科学合理使用化肥、农药等农业投入品，把好“源头关”，保证农产品生产全过程的质量监控。同时建立健全农产品质量安全生产标准体系，要求农产品生产者严格按照国家农产品标准及生产技术要求，采取适合本农场的生产技术标准、技术规程等措施，以确保农产品质量安全，不断提升农垦企业优质安全农产品生产管理能力和农产品质量安全水平，大力发展优质安全的农产品，打响农垦集团品牌。

3. 大力发展优质农产品，提高消费者的信任度

农垦企业深入把握国家农产品质量安全生产的有关政策导向，提升农产品质量安全发展水平，提高优质农产品在市场的占有率和美誉度。加大对农产品质量安全的宣传力度，通过多种宣传途径扩大绿色优质农产品的社会影响力，引导消费者正确认识绿色食品、支持绿色食品。同时农垦企业宣传本企业培育的绿色优质农产品和技术成果，提升农垦在消费者心目中的品牌公信力。

（二）加强农垦品牌建设

推进中国农垦品牌建设，是贯彻落实党中央、国务院《关于进一步推进农垦改革发展的意见》文件精神，加快推动农垦现代农业发展的重要举措。品牌作为市场营销的重要手段，得到农垦企业的高度重视。目前农垦系统在全国31个省份共有35个垦区，辖1 780多家农场、5 400多家企业，已拥有众多知名度高、美誉度好、市场竞争力强的农垦品牌。绝大部分农垦企业依据自身区域性特征和农业生产情况，注册了商标，初步树立了品牌形象。

1. 明确思路定位，注重品牌顶层设计和制度体系建设

农垦品牌建设顶层设计思路清晰、定位明确，品牌管理体系日趋完善。建立中国农垦标识管理制度体系，由中国农垦经济发展中心制定出台《中国农垦标识管理办法（试行）》及相关实施细则，以标识规范化促进中国农垦品牌制度完善。加强标识授权管理，对京东等16家电商平台开设的中国农垦官方旗舰店、15家垦区线下门店使用中国农垦标识进行规范授权。北京农垦建立了以“首农为母品牌，13 个中华老字号、19 个北京老字号、39 个知名品牌”为主要成员的品牌架构；黑龙江农垦逐步建立起由“北大荒为公共品牌，九三、完达山、亲民等企业品牌，九三绿色、胜利民乐等产品品牌”组成的品牌舰队。

2. 植入农垦精神，注重品牌文化挖掘传播

文化是品牌的精髓和灵魂，品牌价值的核心在于文化。农垦有着特殊的使命、厚重的历史、独特的文化，在长期的历史积淀中已经凝结、传承并弘扬着爱国、奉献、奋斗、进取的精神，从井冈山到南泥湾、从海南岛到北大荒、从祖国边疆到中心城市，在艰苦卓绝的创业过程中形成了“艰苦奋斗，勇于开拓”的农垦精神，并将其灌注到农垦品牌创建的每一个环节，赋予品牌深厚的文化内涵。深入挖掘中国农垦品牌文化内涵，讲好品牌故事，充分利用各种传播渠道，大力宣传推介农垦品牌文化。根据农垦自有品牌较多、部分品牌社会知名度高的特点，研究自身文化并将其融入品牌建设，推进农垦品牌核心价值的形成、实施和传播，提高农垦产品整体形象和社会影响力。

3. 实行多元路径，加强农垦品牌传播推广

品牌的传播推广是向消费者传播品牌信息的过程，塑造品牌形象的过程，也是积累品牌资产的过程。农垦需建设农产品品牌传播渠道，首先，传统的传播渠道仍是品牌传播的主要手段，纸媒、电视媒体具有其独特性和难以覆盖性，农垦可以运用传统的宣传阵地，提高农产品品牌知名度。其次，将农业与二三产业深度融合发展，尝试“农业 + 会展”“农业 + 旅游”“农业 + 文创”的传播模式，如参加农产品推介会、农业展览会，兴办多种类型的农业休闲旅游产业，结合传统农业与文化创意产业等传播渠道，传播推广农垦品牌文化。最后，在互联网时代背景下，农垦品牌的传播也需要借助新媒体、电子商务等多种手段进行网络推广，如可通过微博、微信公众号等平台进行宣传，拓宽产品的销售渠道，加强农垦品牌的曝光率，加大品牌传播的广泛性。

4. 完善品牌管理，增强农垦引导监督职能

基于农产品难以标准化等特点，加强标准认证，提高品牌建设标准。首先，考虑建立农产品质量技术标准体系，加强垦区内科研机构对产品标准化的研究，达到品质标准与安全卫生、分级、包装、运输标准相配套，进一步提高标准化、规模化生产能力，严格把控品牌产品质量。其次，农垦企业加强品牌使用与管理，如制定农垦品牌的商标注册、使用许可制度及完善使用管理规范等，确保品牌的正常运营。最后，完善和健全品牌监管体制，防止不正当竞争，最大限度地维护品牌的声誉和形象。积极开展农垦农产品质量安全监管转型升级，将原来单一追溯质量管理，向“生产环境优、产品质标高、品牌商誉广、追溯准快灵”的全面质量管理转变。

二、价格策略

价格策略是农产品市场营销中的重要模块。在大数据背景下，消费者对农产品价格更为敏感，因此，农垦企业要制定完善的价格体系以确保农垦企业营销顺利开展。要综合运用多种定价方法，坚持以成本定价法为基础，在综合考虑农产品生产、运输、销售等方面成本的基础上，采用多元定价方法，提升农产品价格体系制定的科学性，以促进产品销售。另外，要制定灵活的价格体系改进策略，对农产品价格进行实时调整，适应市场的多样化和个性化需求。

（一）农产品渗透定价策略

农产品同一个品种具有较大的同质性，经营者往往采取低价策略来吸引众多消费者。市场上存在一大群普通消费者，他们的购买行为相当理智，希望以较低的价格获得较高的满足。农产品渗透定价策略是通过产品低价阻止竞争者进入市场参与竞争，提供同质农产品的最低价位以获得消费者认可，促使产品占领市场。渗透定价策略包括以下三种形式：第一，高质中价定位。把农产品价格保持在同行业平均价格水平以上，以价格的优势吸引消费者，使消费者能以中等价格获得高品质消费。第二，中质低价定位。以相对低廉的价格，提供合格的产品和服务，使消费者以最低价格获得满足基本要求的产品与服务，这一目标顾客群对价格敏感，但又不希望产品质量过于低劣。第三，低质低价定位。针对价格敏感度高的消费者，提供价格低廉、没有质量优势的产品与服务。

（二）农产品分档定价策略

根据消费者购买能力层次和差异，将细节有差别的同类农产品分为几个档次，不同档次产品价格有所差异。分档定价类型有如下几类：第一，同一农产品按不同等级实行分档定价。如把同一品种的苹果按照大小分成不同的等级，每个等级确定一个价格。第二，按位置分档定价。根据销售场所的区位优势、交通便利程度、消费群体层次等因素确定不同的价格。地处繁华、人流量大或周边居住人口密度高的农产品销售场所，农产品定价会相应更高。第三，按时间分档定价。例如农贸市场和超市内蔬菜的价格早晚不一样，晚上降低价格以减少生鲜农产品损失。第四，按顾客群体分档定价。如生鲜超市对会员与非会员实施差异定价，会员将享受折扣及限时特价等价格优惠。

（三）农产品地区定价策略

农产品销售中对不同地区的顾客实行地区差价，可分为产地定价、分区运送定价及统一交货定价。第一，产地定价。消费者在产地按生产价格或收购价格购买农产品，运输费用、保险费及其他费用全部由买方承担，卖方只将农产品运输到买方的运输工具上。第二，分区运送定价。卖方按照路程的远近划分不同区域，每个区域定价有所差别，而同一区域价格一致。第三，统一交货定价。统一交货定价是指卖主收取一定的运费，由卖主将货物运送到买主所在地的定价策略。农产品地区定价使农产品产地显示出区域优势，使农产品价格更透明、更公平，为区域农产品品牌形成创造条件，拓宽农产品营销渠道。

（四）农产品撇脂定价策略

撇脂是指从牛奶表面逐层撇取奶脂，农产品撇脂定价是指高质量、优品牌形象的农产品进入市场后，经营者有意识地把产品价格定得大大高于成本，为层层撇取收益及获得溢价而采取的高价策略。如绿色农产品（绿色水稻、绿色蔬菜、绿色畜禽肉及绿色水果等）作为特殊农产品，在生产程序上较为复杂，时间成本与生产成本较高，销售价格也相应较高；又如将高价农产品包装成礼品，进行大量宣传，突显消费者的地位和财富，提高农产品销售价格。

三、渠道策略

渠道策略重在为农产品的经营销售构建交易网络，在线上和线下完成生产、加工到销售的一体化路线，缩短从田间到餐桌的时间，降低农产品生产销售成本，提高农垦企业的市场竞争力和市场效益。农产品交易网络包括各种类型的批发型市场、零售商店商超、外贸渠道、网络渠道等，这些渠道的铺开与信息整合让农产品生产更有计划性和市场针对性，减少生产的盲目性，保障农产品生产安全。在互联网时代，网络渠道成为农产品市场营销渠道策略的重要组成部分，包括网店销售平台、网络直播、网络小视频等。农产品交易渠道的网络建设需要良好的物流仓储系统支撑，因此农垦企业需做好物流仓储基础设施建设，推进农产品市场营销的渠道建设与策略实施。

（一）建立营销组织机构

结合农垦企业内部组织结构调整，建立包括市场调研、产品开发、分销渠道、产品定价、广告宣传、售后服务等在内的企业营销职能部门，并由主要领导分管营销工作，真正将市场营销作为企业的“第一车间”，使营销管理成为经营管理的重中之重：建立健全区域分支营销机构，加强对经销商的管理，下沉市场管理重心，增强对市场的掌控能力；发展壮大营销队伍，适当提高营销人员在企业职工中的比例，适当提高高层营销人员在企业管理人员中的比例；建立并完善对营销人员的激励机制，提高营销人员业务素质。

（二）建立营销信息系统

深入进行市场调查研究，对市场趋势、市场结构、销售数据和促销效果进行系统分析，预测市场走势，发现市场机会，选准目标市场，以市场需求为导向调整产品结构，做好市场调研实现以销定产；提高促销手段的针对性，出台销售政策，准确击中市场关键；广泛采用计算机等现代信息手段，建立营销信息系统，及时收集、处理和反馈营销信息，提高营销决策水平，形成快速灵敏的市场反应机制。

（三）加强销售网络建设

根据农垦企业产品特点，选择适当的分销渠道和分销方式，综合运用各种流通组织形式，建立起稳定的产销关系，建设产品销售网络，提高产品的产销率和市场占有率；把握流通市场转型特点，稳定批发市场，拓展零售市场，建立分销体系；做好销售网络的管理工作，建立起有效的流通组织优选机制、激励机制和约束机制。

四、促销策略

现代营销不仅要求农垦企业发展适销对路的产品，制定吸引人的价格，使目标顾客易于获得他们所需要的产品，而且要求农垦企业控制其市场形象，设计并传播有关的外观、特色、购买条件以及产品给目标顾客带来的利益等信息。农垦企业必须高度重视与中间商、客户等对象的沟通，通过多种媒介进行有效的信息沟通，创造消费和使用该种产品的社会氛围和市场条件，进而促进销售的提升。

随着市场环境的变化，促销策略出现了新的变化或发展趋势，这就是整合营销传播理论的兴起。整合营销传播是对现有顾客和潜在顾客制定、实施各种形式的说服性沟通计划的长期过程，所有与顾客的接触点都必须具有引人注目的沟通影响力，而且由顾客决定沟通方式，是对多种传播手段的战略作用进行比较分析的战略过程。

（一）整合营销传播的阶段性和层次性

整合营销传播是一个概念，也是一个过程，整合意味着完整，实现传播活动的完整性便可以产生协同效应。最重要的决定因素是企业的管理模式和战略方针。

1. 战术性协调

农垦企业的整合营销传播活动起始于协调。需要制定品牌管理计划，确定拟发布的与品牌有关的信息，并在各方面整合广告信息，力求在多媒介、多维度的传播过程中形成协同效应。

2. 重新界定营销传播范围

农垦企业致力于更加广泛的传播活动，而不仅限于传统的促销活动，如广告宣传、销售促进、直复营销等。这些传播活动范围更广，既包括针对企业内部雇员、销售人员的对内营销，也包括针对营销中介、业务伙伴、最终顾客的对外营销。

3. 信息技术的应用

农垦企业利用信息技术来整合过去使用过的各种营销传播形式。例如，借助数据库技术等研究顾客态度和行为数据上的差异，从大量营销方法转换到通过辨别顾客的独特需要和欲望来确认顾客，进而实施定制化传播。

4. 财务和战略的整合

农垦企业基于对顾客及其市场价值、财务价值及潜在价值的评估，实施财务和战略的整合，而不是简单地基于公司所想要达到的目标。以可评估的投资回报率为基础，进行营销传播投资。

（二）农垦企业实施整合营销传播的效果

1. 整合传播工具

整合营销传播可使企业的广告、促销、人员推销、公关等所有的营销活动及其传播程序都具有整合感。这种独特价值体现使包括消费者、企业雇员、投资者、竞争对手、社区、大众媒体、政府机构、各种社会团体等在内的利益相关者更容易理解企业信息，更便于企业与利益相关者沟通。

2. 优化传播效果

整合营销传播是一种经济合理地运用营销手段或营销传播费用的有效方法。适当地减少或整合若干种传播工具，农垦企业的组织效率、业务能力和竞争实力都会得到明显改善，从而以较少的营销传播费用取得更好的传播效果。

3. 减少交易费用

减少交易费用的最合理和最持久的方法应该是过程的整合。借助完善的整合营销传播活动，可使所有利益相关者的交易成本得到切实有效的降低。

4. 聚焦目标受众

整合营销传播就是通过营销活动，使企业与利益相关者的沟通更有效率，把包括广告、人员推销、宣传、公关等在内的所有营销活动和传播活动的焦点尽可能定位于目标受众，即企业的利益相关者。

（三）网络整合营销 4I 原则

在传统媒体时代，信息传播往往是自上而下，单向线性流动的，消费者只能被动接收；而在网络媒体时代，信息传播呈现多向、互动式流动，消费者具有很强的主动性。奥美公司提出了网络整合营销时代的4I原则，即趣味（Interesting）原则、利益（Interests）原则、互动（Interaction）原则以及个性（Individuality）原则。

1. 趣味原则

互联网的本质属性是沟通、链接，在互联网这个“娱乐圈”中，农垦企业的广告、营销也应该是趣味性的，这样有利于吸引消费者关注。

2. 利益原则

在互联网营销活动中，给用户提供的利益主要包括经济上的利益和心理上的利益。经济上的利益是指通过返现、抵现、打折等方式减少用户在交易过程中的花费；心理上的利益是用勋章、等级、称号等方式满足消费者“炫耀”、特殊对待的心理需求。

3. 互动原则

在互联网时代，消费者可以更为便利地参与到企业营销互动与新产品创造环节。消费者亲自参与互动与创造的营销过程，会留下更深的品牌印记。将消费者视为一个主体，发起其与品牌之间的平等互动交流，可以为营销带来独特的竞争优势。

4. 个性原则

个性化营销能够投消费者所好，更容易引发互动与购买行动。但是在传统营销环境中，个性化营销成本非常高，因此很难推而广之，但在网络媒体中，数字流的特征让个性化变得简单、便利，细分出一小类人甚至一个人，做到一对一营销都成为可能。

此外，农垦企业更应注重数字化赋能，创新产品营销方式。数字经济的蓬勃发展将为产品营销注入新动能。农垦的产品营销应顺应数字化发展趋势，借助互联网、大数据、云计算、区块链等现代信息技术，利用大数据赋能，借助知名电商平台数字化能力，做到营销数字化，根据精准用户群体打造产品，并进行精准推介品牌、推送产品，促进产品产销精准对接。以营销数字化推动标准化的供应链，改造种植、储藏等环节，降低交易过程中的不确定性。加强市场营销，提升农垦品牌农产品市场占有率，促进农产品优质优售。

第三节 农垦企业市场营销案例

案例一：北大荒农垦集团建三江分公司坚持市场导向，电商营销开新局

近年来，北大荒农垦集团建三江分公司为当好维护国家粮食安全的“压舱石”，争当农业现代化建设排头兵，坚持市场导向，开创电商营销新局面。

一、打造“绿色战线”，释放品牌营销新势能

2020年冬，为了提升综合效益和品牌认知度，北大荒农垦集团建三江分公司依托“北大荒绿色智慧厨房”平台打造16家营销中心专营店，借助该平台的集聚效应，对各子公司（农场）市场优势、产品特色等因素进行综合分析，因地制宜地在各子公司重点商业街区规划建设了营销中心，主要销售集团榜单产品和“建三江”品牌等各类各系列产品共计100余款。特别是策划各营销中心利用国庆、中秋“双节”以及“双11”集中发力，在不到两个月的时间里，品牌主营商品米、挂面、蜂蜜等售出169.58吨，销售金额521万元，获得了众多消费者的认可与好评，为“建三江”品牌铺开了“绿色战线”。

为进一步提升“建三江”品牌的市场知名度和占有率，建三江分公司从线上到线下进行全面品牌营销推广，当好“推销员”。在线上，通过在分公司及子公司建设电商中心，以淘宝、拼多多等电商平台为主要阵地，打造电商营销矩阵，实现高频度推广、多渠道覆盖。依托这一策略，七星、勤得利、二道河等农场的鲜果、大米、山货、水产等产品的订单逐渐增加，效益可观。在电商中心营销矩阵之外，积极实施“全民营销”策略，打造为“建三江”品牌代言的自媒体阵列。通过提供营销直播场地、设备等支持，培育电商新秀和人才。如七星农场有限公司与哲嘎传媒公司签约，勤得利有限公司、大兴农场有限公司等子公司

打造“大米哥”“巾帼带货、爱心助农”等多个主题直播间，吸纳优秀电商人才加入。在线下，通过参加全国农产品博览会和交易会，达成多家战略合作签约，争取优质稻订单面积 10 万亩、优质米订单 7.7 万吨，实现了让“建三江”优质产品“走得更远”。

二、掀起直播带货新热潮，提升市场占有率

2021 年，建三江分公司形成品牌宣传、产品推介、线下展示、线上营销的企业营销窗口，不断提升产业市场价值，筑牢营销链。前哨农场有限公司农业服务中心坚持以市场为导向，通过全面实施“千人电商农场”工程，重点在打造稻米和稻荞“双稻”产业营销链上下功夫，充分发挥“北大荒”“建三江”品牌影响力，借助“互联网 + 客户端”便捷平台，开展员工带货开直播、开网店等系列活动，提升市场知名度和占有率。

2022 年初，建三江分公司掀起直播带货新热潮。分公司 15 个农场有限公司总经理及董事长开启直播带货和送年货活动。其中，前锋农场有限公司依托分公司“产业 + 基地”线下和“矩阵 + 品牌”线上营销渠道，将一部分中高端产品借助公司“五谷乾锋”、分公司“建三江”、集团“北大荒”三级母子品牌体系进行联牌销售，销量实现大幅增加。据悉，此次直播营销活动累计实现成交金额 81 万元，累计点赞数 638 万，增加粉丝 2.3 万人，直播间多次跻身黑龙江省带货榜前三名。

三、“我为祖国种好粮”直播活动彰显现代农业发展

2022 年 3 月，北大荒农垦集团建三江分公司推出“我为祖国种好粮”大型户外直播活动，向全国人民展示中国现代化大农业科技发展进程中具有里程碑式的发展变化。

（一）通过直播活动把中国顶端的现代化农业展示出来

“我为祖国种好粮”大型户外系列直播活动中，通过建三江分公司营销中心官方抖音号面向全国直播智能化浸种催芽、无人播种插秧、无人

收获等环节，让全国人民知道中国农业正在由传统农业向智慧农业转变。

直播间内最让网友们好奇和惊叹的就是建三江的农业现代化、智能化、无人化等技术和措施。比如直播勤得利农场智能化浸种催芽中的“双氧”技术，让网友直观地了解到水稻种子在种之前还有个健康的“洗澡”（浸种）过程，这个“洗澡”通过臭氧对芽种杀菌，不需要借助农药就可以有效降低秧苗生长期病害发生率，做到了种子的第一个环节就是生态、健康、安全的。同时，催芽箱内的氧气可增加种子活性，提高种子的芽率和芽质，并把发芽的时间从之前的 14 天缩短为 10 天，为种植户早播种、早插秧创造有利条件。

（二）通过直播活动把中国顶级的生态、自然、健康的种植环境展示出来

2022 年 3 月 23 日，“我为祖国种好粮”大型户外系列直播活动第一期——千里冰封黑土地准时上线直播，直播地点设在了 2018 年 8 月 25 日习近平总书记到访过的七星农场万亩大地号，这期直播主要展现建三江冬季大雪覆盖黑土地对农业带来的好处。身临其境的直播告诉全国网友，每年长达半年的冬季，最低温度零下 33℃，冻土层深达 1 米，土壤中的越冬害虫和虫卵不能存活；同时积雪覆盖在田间以及作物上，能够抑制土壤中的水分蒸发，雪花能够吸收空气中的硫化氢、二氧化碳、氨气、二氧化硫等气体，在春季融雪时，这些氮化物被融化的雪水带到土壤中，能跟土壤中的一些酸化合成各种盐类，变成良好的天然肥料。

（三）通过直播活动让“我在三江有亩田”的客户“亲历”现代化大农业和最佳生态的种植环境

北大荒农垦集团建三江分公司推出了“认养农业”活动，探索“认养田”经营模式，实现优质农产品从“产供销”到“销供产”的转变，让消费者可以通过微信小程序看得见种植计划、看得见生产资料、看得见水稻长势、看得见收储脱谷过程、看得见配送信息和服务，重塑消费者与生产者之间的供需关系，真正让客户更加直观地感受到信息化、数字化、智能化带来的感官盛宴。截至目前，来自深圳、上海、南京等地的 1 800 余名客户实现认领土地 3 625 亩。通过“认购一亩田，好米享全家”，在北大荒珍贵的黑土地上拥有一亩属于自己的田园，这种贴近大自然、身处田园的体验成为城里人的消费新体验。

通过“我为祖国种好粮”大型户外直播活动，让“我在三江有亩田”的客户“亲历”建三江优越的种植生态环境、先进的种植技术和现代化的农业装备，不但展示了中国现代化农业的方方面面，也进一步增强了“建三江”品牌知名度、美誉度和竞争力，持续锻造“建三江”稻米金名片。

案例二：让天津人都吃上最好的大米——利达粮油多维打造“利达”品牌影响力

推进中国农垦品牌建设，是贯彻落实党中央、国务院《关于进一步推进农垦改革发展的意见》文件精神，加快推动农垦现代农业发展的重要举措。提起利达，天津人最熟悉的是利达面粉、利达馒头等面制品，实际上利达近几年也在稻米的种源、仓储、生产加工、销售等方面不断推陈出新，为食品集团提出的全力打造“从田间到餐桌”的全产业链经营模式贡献力量。天津利达粮油有限公司（以下简称利达粮油）前身为天津市粮油集团，作为天津食品集团旗下的产业公司，主要保障市场粮食供应，通过优化拓展产业格局，“利达”品牌影响力得到进一步扩大，特别是小站稻产业，采用传统与现代、线下与线上等多方式，进行品牌宣传及市场推广，取得了良好成效。

一、重视品质，是“利达”品牌赢得市场的基点

熟悉天津近代面粉工业的老粮食人都知道，“利达”品牌不仅汇聚沉淀了天津面粉工业百年技术精华和文化精神，更是四十多年改革开放历程中天津国有粮食企业锐意进取、传承发展的缩影。品牌的核心是质量，利达粮油始终坚持“安全、放心、健康”的原则，以追求过硬的产品质量为目标，以增加投入、强化管理为重点，发挥了公司在设备、技术、人才、信誉等方面的优势，全力打造“利达”品牌。多年来，利达粮油人不断改进工艺、严把质量关，形成了完善的品质控制“九大节点”，从

小麦去石去杂整理，到自动灌包、机械手码面、叉车码垛，全程零接触、无污染、闭环运行。正是利达粮油人几十年对品质精益求精的执着精神，建立起“利达”品牌在消费者心目中牢固的信誉。没有质量保证的产品，就没有真正的品牌影响力，这是利达粮油始终笃信的经营理念。

二、标准化生产，以更高质量塑造品牌美誉度

利达粮油把关乎千家万户的小馒头生产作为企业的头等大事来抓，加快推进“放心馒头”生产供应体系建设，建成了国内先进的放心馒头加工生产供应基地，成为保障市民主食供应和安全保障的担当者、领跑者。食品安全无小事，百姓健康是大事。利达主食大厨房深知肩负的责任比天大、比山重，始终把“关爱民生，绿色安全，诚信生产，质量第一”作为经营理念，着力加强食品安全体系建设。全面推行标准化管理，建立了以工序流程为重点的质量标准、卫生标准、工艺流程标准、员工操作标准等一系列规章制度，实施质量“六把关”制度和“九大节点”品控，实现了从田间到餐桌的全程质量监控。实行以销定产、日产日销，确保老百姓吃的每一个馒头都是新鲜的。利达放心馒头以其安全、优质的品质赢得了广大消费者的喜爱，成为天津百姓餐桌上不可或缺的主食。

三、推陈出新，打造“利达”品牌新名片

2019 年以来，利达粮油以“利达”牌面粉 30 年品牌积淀为基础，从单一走向多元，构建“利达”面粉、“利达”大米、“利达”小站稻、“利达”杂粮、“利达”主食等多种品牌产品新集群，为企业发展积蓄力量。

作为天津小站稻振兴的主力军之一，利达粮油围绕振兴小站稻的战略定位，控股津南小站稻核心产区的天津市优质小站稻开发有限公司，与利达龙江米业公司、黑龙江延寿利达米业公司形成利达大米产业集群，科学规划品种结构，不断扩大小站稻种植面积。与天津农学院签订“小站稻品质·食味保障体系”全面战略合作协议，联手打造北方粳稻品

质·食味分析评价中心暨天津小站稻品质·食味分析评价中心，融合校企资源，为“利达”牌小站稻提供人才、科研、产业链、市场等多方面支撑。同时，积极拓展销售终端，加大线上平台宣传和营销，组建天津小站稻交易体验中心，联合10多家主流媒体，在世界粮食日等重要活动节点进行深入报道和广泛宣传，不断扩大“利达”小站稻品牌影响力，塑造“利达”大米品牌形象。目前，“利达”牌小站稻线下销售网络已覆盖北京、天津、上海、河北、山东、山西、内蒙古、云南等地，并进驻天猫、京东等电商平台。2020年，“利达”牌小站稻在中国国际粮油产品及设备技术展示交易会上荣获金奖，“利达”牌小站稻等9个粮油产品荣获“天津好粮油”荣誉称号。

四、责任担当，传递国企品牌正能量

利达粮油始终把政治责任、社会责任放在首位，在关键时刻冲得上、顶得住、打得赢，彰显“利达”品牌厚重的为民情怀。2020年初，新型冠状病毒肺炎疫情肆虐全国。作为天津市确保粮食和粮油食品安全、确保市场供应与稳定的重要主体，利达粮油全体干部职工在积极做好个人防护的基础上，全力投入防疫保供工作。210名党员组成突击队，出动粮油生活用品售货车，把利达粮油制品及时送进商超和社区；启动省际粮油贸易，主动承接战略物资储备任务，高效完成19万吨进口大豆和2万吨成品大米的接卸任务，掌握应急粮食供给的主动权，保证天津区域粮食安全。在2020第十届“榜样天津”社会责任大型主题推选活动中，利达粮油荣获榜样天津“抗疫先锋企业”奖。

五、对标提质，提升品牌建设新高度

2021年以来，利达粮油对照《农垦现代农业企业集团国际竞争力评价指标体系》，以国企改革三年行动为契机，找差距、补短板，高标准推进各项工作。针对疫情造成的粮食短缺和饲料需求短缺情况，提前完成小麦轮换、临储竞拍，进口小麦轮出累计24.5万吨，并增加江苏地区外存库点以规避风险；加强黑龙江、京津冀及内蒙古地区稻谷、玉米的收储，与广西农垦合作开辟广西玉米终端需求业务，在辽宁营口鲅鱼圈开展玉米中转业务，搭建起成熟的玉米供应链，共销售玉米 37 万吨、稻谷 21 万吨。深入内蒙古、江苏等地拓展业务，发展白糖、油脂油料、马铃薯等业务，与优质杂粮产地建立合作，形成新的贸易销售增长点，丰富品牌内容。同时，进一步强化线下、线上渠道建设。线下，利达产品入驻 140 多家华润商超连锁店铺，在壳牌河北区域市场推出利达小站稻加油换购活动，新增直营店填补区域门店空白，下沉社区党群服务中心、社区服务中心、养老服务中心，为社区居民提供利达牌米面粮油供应。线上，扩大电商平台业务规模，增加线上定制款，携手菜鸟平台开启数字化履约服务，为消费者提供快捷的购物体验。利达粮油跻身天津 2021 年"Top 影响力品牌"榜首。

第六章
农垦企业财务管理

第一节　企业财务管理概述

一、财务管理的概念

企业财务指企业再生产过程中的价值运动，它常常表现为企业资金的获得、使用、耗费、分配等一系列活动。企业财务管理是以价值增值为目标，围绕企业各项财务活动而开展的决策、控制和评价的过程。财务管理涉及企业管理的所有方面，具有综合性，其本质是一种价值管理。财务管理的实质在于决策和控制，决策是前提，是一种事前管理活动；控制是日常性的事中管理活动；评价则是一种事后管理活动。

二、财务管理的主要内容

财务管理的主要内容包括筹资管理、投资管理、营运资金管理、股利分配管理四个方面。

（一）筹资管理

筹资是企业为了满足经营活动、投资活动、资本结构调整等需要，运用多种筹资方式，通过各种筹资渠道，经济有效地筹措和获取所需资金的一种财务行为。企业的生存和发展离不开资金，筹集资金是企业资金运动的前提和起点。

企业筹资的基本目的，是为了自身的维持与发展。企业具体的筹资活动通常受特定动机的驱使。企业筹资的具体动机归纳起来主要有以下几类：

（1）创立性筹资动机。即企业设立时，为取得资本金并形成开展经营活动的基本条件而产生的筹资动机。

（2）支付性筹资动机。即为了满足经营业务活动的正常波动所形成的支付需要而产生的筹资动机。

（3）扩张性筹资动机。即企业因扩大经营规模或满足对外投资需要而产生的筹资动机。

（4）调整性筹资动机。即企业因调整资本结构而产生的筹资动机。资本结构调整的目的在于降低资本成本，控制财务风险，提升企业价值。

（5）混合性筹资动机。在实务中，企业筹资的目的可能不是单纯和唯一的，通过追加筹资，既满足了经营活动、投资活动的资金需要，又达到了调整资本结构的目的，可以称之为混合性筹资动机。

（二）投资管理

投资是企业生存、发展及进一步获取利润的基本前提。企业取得资金后，必须将其投入使用，以求取得良好的经济效益。在进行投资管理活动时，企业必须考虑投资规模，同时还必须通过投资方向和投资方式的选择来确定合适的投资结构，提高投资效益，降低投资风险。不同的投资项目，对企业价值的影响程度和财务风险不同。企业的投资可分为对内投资和对外投资：对内投资是指企业把资金用于本企业的生产经营，如通过投资形成企业的流动资产、固定资产、无形资产等资产；企业把筹集到的资金用于购买股票、债券，出资新组建公司或与其他企业联营等，便形成对外投资。如果投资决策不科学、投资结构不合理，那么投资项目往往不能达到预期效益，影响企业盈利水平和偿债能力；投资决策的正确与否，直接关系到企业的兴衰成败。

（三）营运资金管理

广义的营运资金是指一个企业流动资产的总额，狭义的营运资金是指企业的流动资产减去流动负债后的余额。企业在日常的生产经营活动中，会发生一系列流动资产和流动负债资金的收付。主要涉及现金持有计划的确定，应收账款的信用标准、信用条件和收款政策的确定，存货周期、存货数量、订货计划的确定，短期借款计划、商业信用筹资计划的确定等。合理控制流动资产和流动负债的数量及优化两者之间的配比，既可以增强资产的流动性，使短期资金得到有效利用，提高资金的整体利用效率，同时也可以降低企业的风险。

（四）股利分配管理

企业投资的目的是获取收益。企业缴纳所得税后形成的净利润应属于企业所有者。企业的利润分配涉及企业相关各方的切身利益，受众多不确定因素的影响，在确定分配政策时，应当考虑各种相关因素的影响，从法律角度来说，应考虑资本保全约束、资本积累约束、超额累积利润约束和偿债能力约束等。从公司角度来说，应考虑现金流量、资产的流动性、盈余的稳定性、投资机会、筹资因素等。从股东角度来说，应考虑控制权、稳定的收入、避税等。除此之外，还应考虑债务契约、通货膨胀等因素。常用的股利分配政策有剩余股利政策、固定或稳定增长的股利政策、固定股利支付率政策和低正常股利加额外股利政策。制定合理的股利分配政策，可以缓解企业资金压力，降低企业筹资的资本成本，影响企业股价的市场走势，满足投资者对投资回报的要求。

财务管理的上述四项基本内容是有机联系的整体，它们共同为实现企业财务管理目标服务。此外，财务管理的内容还包括企业破产、清算和重整管理，企业收购与兼并管理，企业财务分析与业绩评价等。

三、财务管理的原则

（一）成本效益原则

成本效益原则的核心是要求企业耗用一定的成本后能够取得尽可能大的收益，以及在效益一定的条件下最大限度地降低成本。按照成本效益原则的要求，在较长的时间内，成本必须呈下降趋势，而效益必须呈上升趋势。这是投入产出原则的价值体现，是社会再生产活动得以延续和发展的基本要求。

（二）风险与收益均衡原则

风险与收益均衡原则的核心是要求企业不承担超过收益限度的风险，在收益既定的条件下，最大限度地降低风险。

（三）资源合理配置原则

财务管理具有价值管理和综合性的特点，使得各项经营要素的搭配情况直接体现在有关的财务指标和各相关财务项目上。资源合理配置原则的核心是要求企业的相关财务项目必须在数额和结构上相互配套与协调，以保证人尽其才、财尽其用、物尽其用，从而获得较为满意的效益。

（四）利益关系协调原则

利益关系的协调直接影响到企业财务管理目标的实现。利益关系协调原则的核心是要求企业在收益分配中（包括税金的缴纳、股利的发放、利息的支付、工薪的计算等），既要保证国家的利益，也要保证自身和员工的利益；既要保证投资人的利益，也要保证债权人的利益；既要保证所有者的利益，也要保证经营者的利益，以此不断改善财务状况、增强财务能力，为提高效益创造条件。

四、财务管理的目标

企业财务管理目标是企业组织财务活动、处理财务关系所要达到的根本目的，它决定着企业财务管理的基本方向，是企业财务管理工作的出发点。企业财务管理目标的演进过程，直接反映着财务管理环境的变化，反映着企业利益集团利益关系的均衡，是各种因素相互作用的综合体现。关于企业财务管理目标，主要有如下三种具有代表性的理论。

（一）利润最大化

利润最大化就是假定企业财务管理以实现利润最大化为目标。以利润最大化作为财务管理目标，其主要原因有四：一是利润代表了企业新创造的价值，利润增加代表着企业财富的增加，利润越多，代表企业新创造的财富也越多；

二是人类从事生产经营活动的目的是创造更多的剩余产品，在市场经济条件下，剩余产品的多少可以用利润这个指标来衡量；三是在自由竞争的资本市场中，资本的使用权最终属于获利最多的企业；四是只有每家企业都最大限度地创造利润，整个社会的财富才可能实现最大化，从而带来社会的进步和发展。

利润最大化目标的主要优点在于，企业追求利润最大化，就必须讲求经济核算，加强管理，改进技术，提高劳动生产率，降低产品成本。这些措施都有利于企业资源的合理配置，有利于企业整体经济效益的提高。

但是，以利润最大化作为财务管理目标存在以下缺陷：

（1）没有考虑利润实现时间和资金时间价值。

（2）没有考虑风险问题。不同行业具有不同的风险，同等利润值在不同行业中的意义也不相同，比如对于风险比较高的高科技企业和风险相对较小的制造业企业，无法简单比较二者利润的高低。

（3）没有反映创造的利润与投入资本之间的关系。

（4）可能导致企业短期财务决策倾向，影响企业长远发展。由于利润指标通常按年计算，因此，企业决策也往往会服务于年度指标的实现。

利润最大化的另一种表现方式是每股收益最大化。每股收益最大化的观点认为，应当把企业的利润和股东投入的资本联系起来考察，用每股收益来反映企业的财务目标。事实上，许多投资人都把每股收益作为评价公司业绩的重要标准之一。

（二）股东财富最大化

股东财富最大化是指企业财务管理以实现股东财富最大化为目标。在上市公司，股东财富是由其所拥有的股票数量和股票市场价格两方面决定的。在股票数量一定时，股票价格达到最高，股东财富也就达到最大。

与利润最大化相比，股东财富最大化目标的主要优点如下：

（1）考虑了风险因素，因为通常股价会对风险作出较敏感的反应。

（2）在一定程度上能避免企业短期行为，因为不仅目前的利润会影响股票价格，预期未来的利润同样会对股价产生重要影响。

（3）对上市公司而言，股东财富最大化目标比较容易量化，便于考核和奖惩。

但是，以股东财富最大化作为财务管理目标存在以下缺点：

(1) 适用范围受限。通常只适用于上市公司，非上市公司难以应用，因为非上市公司无法像上市公司一样及时、准确地获得公司股价。

(2) 股价受众多因素影响，特别是企业外部的因素，有些还可能是非正常因素。股价不能完全准确地反映企业财务管理状况，如有的上市公司处于破产的边缘，但由于可能存在某些机会，其股票市价可能还在走高。

(3) 股东财富强调得更多的是股东利益，而对其他相关者的利益重视不够。

(三) 企业价值最大化

企业价值最大化是指企业财务管理以实现企业的价值最大化为目标。企业价值可以理解为企业所有者权益和债权人权益的市场价值，它等于企业所能创造的预计未来现金流量的现值。因为未来现金流量的预测包含了不确定性和风险因素，而现金流量的现值是以资金的时间价值为基础对现金流量进行折现计算得出的。

企业价值最大化目标要求企业采用最优的财务政策，充分考虑资金的时间价值、风险与收益的关系，在保证企业长期稳定发展的基础上使企业总价值达到最大。

以企业价值最大化作为财务管理目标具有以下优点：

(1) 考虑了取得报酬的时间，并用时间价值的原理进行了计量。

(2) 考虑了风险与报酬的关系。

(3) 将企业长期、稳定的发展和持续的获利能力放在首位，能克服企业在追求利润上的短期行为，因为不仅目前利润会影响企业的价值，预期未来的利润对企业价值增加也会产生重大影响。

(4) 用价值代替价格，避免了过多外界市场因素的干扰，有效地规避了企业的短期行为。

但是，以企业价值最大化作为财务管理目标过于理论化，不易操作。对于非上市公司而言，只有对企业进行专门的评估才能确定其价值，而在评估企业的资产时，由于受评估标准和评估方式的影响，很难做到客观和准确。

五、财务管理的体制

企业财务管理体制是明确企业各财务层级财务权限、责任和利益的制度，其核心问题是如何配置财务管理权限，决定着企业财务管理的运行机制和实施模式。概括地说，可分为三种类型。

（一）集权型财务管理体制

集权型财务管理体制是指企业对各所属单位的所有财务管理决策都进行集中统一，各所属单位没有财务决策权，企业总部财务部门不但参与决策和执行决策，在特定情况下还直接参与各所属单位的执行过程。

集权型财务管理体制下，企业内部的主要管理权限集中于企业总部，各所属单位执行企业总部的各项指令。它的优点在于企业内部的各项决策均由企业总部制定和部署，企业内部可充分展现其一体化管理的优势，利用企业的人才、智力、信息资源，努力降低资金成本和风险损失，使决策的统一化、制度化得到有力的保障。采用集权型财务管理体制，有利于在整个企业内部优化配置资源，有利于实行内部调拨价格，有利于内部采取避税措施及防范汇率风险等。它的缺点是集权过度会使各所属单位缺乏主动性、积极性，丧失活力，也可能因为决策程序相对复杂而失去适应市场的弹性，丧失市场机会。

（二）分权型财务管理体制

分权型财务管理体制是指企业将财务决策权与管理权完全下放到各所属单位，各所属单位只需对一些决策结果报请企业总部备案即可。

分权型财务管理体制下，企业内部的管理权限分散于各所属单位，各所属单位在人、财、物、供、产、销等方面有决定权。它的优点是由于各所属单位负责人有权对影响经营成果的因素进行控制，加之身在基层，了解情况，有利于针对本单位存在的问题及时作出有效决策，因地制宜地搞好各项业务，也有利于分散经营风险，促进所属单位管理人员及财务人员的成长。它的缺点是各所属单位大多从本位利益出发安排财务活动，缺乏全局观念和整体意识，从而可能导致资金管理分散、资金成本增大、费用失控、利润分配无序。

（三）集权与分权相结合型财务管理体制

集权与分权相结合型财务管理体制，其实质就是集权下的分权，企业对各所属单位在所有重大问题的决策与处理上实行高度集权，各所属单位则对日常经营活动具有较大的自主权。

集权与分权相结合型财务管理体制意在以企业发展战略和经营目标为核心，将企业内重大决策权集中于企业总部，而赋予各所属单位自主经营权。其主要特点是：

(1) 在制度上，应制定统一的内部管理制度，明确财务权限及收益分配方法，各所属单位应遵照执行，并根据自身的特点加以补充。

(2) 在管理上，利用企业的各项优势，对部分权限集中管理。

(3) 在经营上，充分调动各所属单位的生产经营积极性。各所属单位围绕企业发展战略和经营目标，在遵守企业统一制度的前提下，可自主制定生产经营的各项决策。为避免配合失误，明确责任，凡需要由企业总部决定的事项，在规定时间内，企业总部应明确答复，否则，各所属单位有权自行处置。

可见，集权与分权相结合型财务管理体制，吸收了集权型和分权型财务管理体制各自的优点，避免了二者的缺点，从而具有较大的优越性。

第二节　农垦企业预算、投融资及营运资本管理

一、预算管理

战略决定业务策略，业务策略指导业务计划，业务计划决定预算合理性。预算本身不是最终目的，它是一种企业战略与公司经营业绩联系的工具，是分配资源的基础，用于衡量和监控企业各部门的经营业绩，以确保公司战略目标的实现。

预算管理是财务管理的核心。全面预算是指企业以发展战略为导向，在对未来经营环境预测的基础上，确定预算期内经营管理目标，逐层分解，下达至企业内部各个经济单位，并以价值形式反映企业一定期间内的经营活动、投资活动、财务活动等。

（一）建立预算管理组织体系

农垦企业尤其是农垦企业集团公司应当加强全面预算工作的组织领导，明确预算管理体制以及各预算执行单位的职责权限、授权批准程序和工作协调机制。集团公司应当设立预算管理委员会或预算工作领导小组，履行全面预算管理职责，其成员由企业负责人及内部相关部门负责人组成。

以广东省湛江农垦集团有限公司为例，该公司实行三级预算管理组织体系。第一级是全面预算管理的决策结构，包括集团公司全面预算工作领导小组和集团公司党组办公会。集团公司总经理和分管财务的副总经理担任全面预算工作领导小组组长和副组长，领导小组成员由集团公司业务处室负责人组成。领导小组负责审议集团公司全面预算管理办法、拟订年度预算管理目标，审议年度预算方案，大额或重要项目的预算调整批复等。集团公司党组办公会负责最终审议批复全面预算管理办法和年度全面预算方案等。

第二级是全面预算管理机构，即全面预算管理办公室（设在财务处），负责集团公司全面预算日常管理工作，办公室成员由集团公司财务处及相关处室人员组成。

第三级是全面预算执行单位，包括集团公司下属企业和集团公司业务处室。集团公司下属一级预算单位相应成立由企业负责人任组长的全面预算工作领导小组，并在企业财务部门下设全面预算管理办公室，负责拟订企业年度预算管理目标、编制预算、审核预算、预算上报及下达、预算调整申请和企业内部预算考核评价等工作。

（二）科学合理编制预算

农垦企业尤其是农垦企业集团公司应当建立和完善预算编制工作制度，明确编制依据、编制程序、编制方法等内容，确保预算编制依据合理、程序适当、方法科学，避免预算指标过高或过低。企业应当在预算年度开始前完成全面预算草案的编制工作。

企业应当根据发展战略和年度生产经营计划，综合考虑预算期内经济政策、市场环境等因素，按照上下结合、分级编制、逐级汇总的程序，科学合理地编制年度全面预算。企业可以选择或综合运用固定预算、弹性预算、滚动预算等方法编制预算。

企业集团董事会等机构审核全面预算草案时，应当重点关注预算的科学性和可行性，确保全面预算与企业发展战略、年度生产经营计划相协调。企业集团全面预算应当按照相关法律法规及集团章程的规定报经审议批准。

以广东省湛江农垦集团有限公司为例，该公司全面预算编制按照“上下结合、分级编制、逐级汇总、审批下达”的流程进行。

第一，由全面预算管理办公室拟订预算主要指标、编制办法和工作要求，经全面预算工作领导小组审核确定后报集团公司党组办公会审议，审议通过后下达预算编制文件。

第二，下属企业根据集团公司编制年度预算的要求，由企业的全面预算工作领导小组提出下一年度的企业总目标、各业务部门和基层单位的分目标。

第三，下属企业各业务部门和基层单位编制各自相关的预算草案，并上报集团公司对口的业务处室审核。

第四，集团公司业务处室对全面预算进行归口审核，其中经营预算中的收入和支出预算由企业管理处牵头，生产科技处和财务处负责协助审核；资金预算由财务处负责审核。

第五，企业的经营、资本、资金等各业务部门的预算草案经集团公司归口主办处室审核反馈后，由企业财务部门汇总形成企业的年度预算草案。

第六，年度预算草案经企业预算领导小组审议通过后，上报集团公司全面预算管理办公室汇审。全面预算管理办公室根据集团公司预算总目标，提出调整意见，由企业重新调整后再上报审批。

第七，集团公司全面预算管理办公室汇总和综合平衡全面预算方案，提请全面预算工作领导小组审议通过后，报集团公司党组办公会审定后批复下达各企业执行。

（三）加强对预算执行的管理

农垦企业尤其是农垦企业集团公司应当加强对预算执行的管理，明确预算指标分解方式、预算执行审批权限和要求、预算执行情况报告等，落实预算执行责任制，确保预算刚性，严格预算执行。

企业的全面预算一经批准下达，各预算执行单位应当认真组织实施，将预算指标层层分解，从横向和纵向落实到内部各部门、各环节和各岗位，形成全方位的预算执行责任体系。企业应当以年度预算作为组织、协调各项生产经营活动的基本依据，将年度预算细分为季度、月度预算，通过实施分期预算控制，实现年度预算目标。

企业预算管理工作机构应当采用恰当方式及时向决策机构和各预算执行单位报告、反馈预算执行进度、执行差异及其对预算目标的影响，促进企业全面预算目标的实现。企业应当建立严格的预算执行考核制度，对各预算执行单位和个人进行考核。

以广东省湛江农垦集团有限公司为例，集团公司强化全面预算管理的执行与控制工作，确保全面预算主要指标完成。第一，批复下达的预算是集团公司开展各项经营活动的前提，预算指标经层层分解，落实到所有部门和岗位。第二，厉行节约，压缩企业的各项成本，包括期间费用、“三公”经费、工资总额和非生产性支出，确保收入和利润指标的完成。第三，严禁预算结余跨年度使用，“三公”经费与管理费用的其他费用预算、成本费用预算和资本预算的明细项目不得交互使用。第四，企业当年的预算方案经集团公司核定批复后，要填报每月或每季的全面预算执行情况。集团公司各级财务部门负责分析和监督预算执行情况，对预算执行偏差较大的项目，要查找和分析原因，制定改进措施，确保全面预算工作顺利完成。

在预算执行考核方面，湛江农垦集团有限公司建立三级预算考核评价体系：一是集团公司预算执行情况接受省农垦集团公司的考核评价：二是集团公司考核评价下属一级预算单位全面预算执行情况；三是下属一级预算单位制定本单位的考评办法，定期对其下属企业或部门预算执行情况进行分析和评价。集团公司对主要预算指标完成情况采用比率分析法、比较分析法和因素分析法等进行分析比较，查明原因，找出改进的方法。

全面预算对企业实现预算管理的资源配置、管理协调、战略支持和预算执行主体的自我控制等基本功能提供有效保障，但是，企业实行全面预算管理也存在一些风险，需要引起农垦企业管理层关注。一是不编制预算或预算不健全，可能导致企业经营缺乏约束或盲目经营。二是预算目标不合理、编制不科学，可能导致企业资源浪费或发展战略难以实现。三是预算缺乏刚性、执行不力、考核不严，可能导致预算管理流于形式。

二、农垦企业筹资与投资管理

（一）筹资管理

当前，农垦企业筹资普遍存在以下特点：一是筹资渠道单一。目前大部分农垦企业在筹资时主要都依赖于银行，难以满足进入证券市场筹资的条件，利用资本市场进行筹资很难实现，这就导致农垦企业筹集结构较为单一，而且还要承担沉重的利息负担，资金结构优化难度较大。二是资金周转慢。农业属于社会再生产和自然再生产综合在一起的产业。天然作物自身都具有一定的成熟期，特别是像黑龙江垦区，其农作物都是一年一熟，这样就使资金周转率较低，无法与其他工商企业资金的周转率相比，使农垦企业对于资金的占用率和需求都呈较高的状态。

农垦企业要结合自身特点建立健全内部筹资决策机制，明确决策机构，制定筹资管理制度。农垦企业筹资管理的基本要求，是在严格遵守国家法律法规的基础上，分析影响筹资的各种因素，权衡资金的性质、数量、成本和风险，合理选择筹资渠道和方式，降低筹资成本。农垦企业筹资要遵守以下主要原则：

（1）方式经济原则。企业筹集资金必然要付出一定的代价，不同资金来源和筹资方式下的资金成本高低不同。农垦企业要合理组合筹资渠道和方式，降低资金成本，综合考察各种筹资渠道和筹资方式的难易程度、资金成本和筹资风险，研究各种资金来源的构成，求得合理的资金结构，以便降低筹资的综合成本、减少风险。

（2）规模适当原则。不同时期企业的资金需求量相差很大，农垦企业要认真分析生产经营状况，采用一定的方法预测资金的需求数量，合理确定筹资规模，使资金的筹措量与需要量尽量达到平衡，防止因筹资不足而影响生产经营或因筹资过剩而增加财务费用。

（3）筹措及时原则。农垦企业在筹集资金时应了解资金时间价值的原理和计算方法，以便根据资金需求的具体情况，合理安排资金的筹集时间，根据资金投入需求进度，及时获取所需资金，使筹集资金与资金使用时间相衔接。

农垦企业要着力抓好资金的筹措，需采取多种方法、多种渠道大力筹措和融通资金。在市场经济条件下，农垦企业可以依法采取直接吸收投资、发行股票等方式筹集权益资本，即股权筹资；通过银行借款、发行债券等方式筹集债务资金，即债务筹资。企业要根据其生产经营、发展战略、投资和资本结构等的需要，通过各种筹资渠道和资本市场，运用多种筹资方式，依法、经济、有效地筹集企业所需资金，进行筹资管理。在进行筹资活动时，企业一方面要科学预测筹资的总规模，合理确定资金需要量和投放时间，以保证所需资金；另一方面要通过筹资渠道和筹资方式的选择，确定合理的筹资结构，降低资本成本，增加公司的利益，控制相关的风险。

（二）投资管理

农垦企业应制定符合自身特点和实际情况的投资管理制度，明确投资原则、重点投资方向或主要投资领域。在决定投资前，要进行充分的调研，开展可行性分析。要按投资权限进行投资决策，重大投资事项要经企业党委前置研究讨论通过。如《海南省农垦投资控股集团有限公司资金统筹管理基本办法》规定，海垦控股集团统筹资金应主要投向热带特色现代农业，建设大基地、大园区、大企业、大产业。资金投入应紧密围绕战略目标，实现合理的财务回报。

农垦企业要根据企业发展战略，制定单位中长期规划，明确企业的主导产业。要按照企业的发展规划，围绕主导产业进行投资。严格限制不属于企业发展规划确定的主业范围的投资。农垦企业必须树立较强的投资风险防范意识，严控高溢价并购，严禁接盘高风险项目。企业领导人或决策者在进行企业重大投资或实施项目前，必须从企业战略利益角度考虑决策的合理性、经济性、可行性，盲目地进行业务拓展和项目投资只会给企业带来管理成本和经营风险的提高，使企业的布局失败，投资得不偿失。

企业投资的根本目的是谋求利润，增加企业价值。农垦企业能否实现这一目标，关键在于企业能否在复杂多变的市场环境下，抓住有利的时机，及时做出合理的投资决策。为此，农垦企业在投资时应坚持以下原则。

（1）进行市场调查。在市场经济条件下，投资机会是不断变化的，它会受到诸多因素的影响，最主要的是受到市场需求变化的影响。农垦企业在投资之前，必须认真进行市场调查和市场分析，寻找最有利的投资机会。对于市场和投资机会的关系，也应从动态的角度加以把握。正是由于市场不断变化和发展，才有可能不断产生新的投资机会。

(2) 进行科学决策。在市场经济条件下，企业的投资决策都会面临一定的风险。为了保证投资决策的正确有效，农垦企业必须按科学的投资决策程序，认真进行投资项目的可行性分析。投资项目可行性分析的主要任务是对投资项目技术上的可行性和经济上的有效性进行论证，运用各种方法计算出有关指标，以便合理确定不同项目的优劣，选择最佳投资方案。

(3) 做好资金保障工作。农垦企业应及时足额地筹集投资所需资金，满足投资项目建设进度的资金需求。企业的投资项目特别是大型投资项目，建设周期长，所需资金量大，一旦开工，就必须有足够的资金供应。否则，就会造成项目建设因资金断裂而投资失败，造成损失。因此，农垦企业在投资项目上马之前，必须科学预测投资所需资金的数量和投入时间，采用适当的方法筹措资金，保证投资项目顺利完成，尽快产生投资效益。

(4) 确保风险可控。企业要认真分析风险和收益的关系，适当控制企业的投资风险。一般而言，收益越大，风险也越大，收益的增加是以风险的增大为代价的。而风险的增加将会引起企业价值的下降，不利于财务目标的实现。农垦企业在进行投资时，必须在考虑收益的同时认真考虑投资风险，只有在收益和风险达到比较好的均衡时，才更有可能增加企业价值，实现财务管理的目标。

三、农垦企业营运资本管理

营运资本也称营运资金，营运资本的管理包括流动资产的管理和流动负债的管理，前者是对营运资本投资的管理，后者是对营运资本筹资的管理。农垦企业的营运资本在全部资金中占有相当大的比重。

(一) 营运资本管理的原则

农垦企业进行营运资本管理，应遵循下原则：

(1) 满足正常资金需求。农垦企业应认真分析生产经营状况，合理确定营运资金的需求数量。农垦企业营运资金的需求数量与其生产经营活动有直接关系。一般情况下，当企业产销两旺时，流动资产会不断增加，流动负债也会相应增加；而当企业产销量不断减少时，流动资产和流动负债也会相应减少。因此，农垦企业应认真分析生产经营状况，采用一定的方法预测营运资金的需求数量，必须把满足正常合理的资金需求作为营运资金管理的首要任务。

（2）提高资金使用效率。营运资金的周转是指企业的营运资金从现金投入生产经营开始，到最终转化为现金的过程。加速资金周转是提高资金使用效率的主要手段之一。提高营运资金使用效率的关键是采取得力措施缩短营业周期，加速变现过程，加快营运资金周转。因此，农垦企业要千方百计地加速存货、应收账款等流动资产的周转，以便用有限的资金服务于更大的经营规模，为企业取得更优的经济效益提供条件。

（3）节约资金使用成本。在营运资金管理中，必须正确处理保证生产经营需要和节约资金使用成本两者之间的关系。要在保证生产经营需要的前提下，尽力降低资金使用成本。一方面，农垦企业要挖掘资金潜力，加速资金周转，精打细算地使用资金；另一方面，积极拓展融资渠道，合理配置资源，筹措低成本资金，服务生产经营。

（4）维持短期偿债能力。农垦企业要合理安排流动资产与流动负债的比例关系，保持流动资产结构与流动负债结构的适配性，保证有足够的短期偿债能力。流动资产、流动负债以及两者之间的关系能较好地反映企业的短期偿债能力。流动负债是在短期内需要偿还的债务，而流动资产则是在短期内可以转化为现金的资产。因此，如果一个企业的流动资产比较多，流动负债比较少，说明企业的短期偿债能力较强；反之，则说明短期偿债能力较弱。但如果企业的流动资产太多，流动负债太少，也不是正常现象，一方面，企业可能存在流动资产闲置、资产利用率低的问题；另一方面，企业可能存在信用较差、产品竞争力不足等问题，导致无法向银行、供货商等短期融资。

（二）营运资本管理的内容

农垦企业要维持正常的运转就必须拥有适量的营运资本。营运资本管理的核心内容就是营运资本投资和营运资本筹资管理。营运资本的投资和筹资策略直接决定着企业的风险，要搞好营运资本管理，必须解决好营运资本投资管理和筹资管理两个方面的问题。

1. 营运资本投资管理

营运资本投资管理即确定企业应将多少资金投资在流动资产上，主要包括现金管理、应收账款管理和存货管理。

在现金管理方面，农垦企业要明确现金管理的目标，在现金的流动性和收益性之间做出合理的选择，通过确定最佳现金持有量，既保证农垦企业生产经营所需现金，又使现金成本维持在较低水平以增加企业收益。农垦企业可以采用力争现金流量同步、使用现金浮游量、加速收款、推迟应付款项的支付等方法，提高现金使用效率。

在应收账款管理方面，农垦企业应通过制定科学合理的应收账款信用政策，加强应收账款日常控制，缩短收账时间，加速应收账款周转，采用适当的催收方式，及时有效地收回应收账款，尽可能地减少企业的坏账损失，提高资金利用效率。同时尽可能降低应收账款投资的机会成本、坏账成本、管理成本与短缺成本，最大限度地提高应收账款的投资效益。只有当应收账款所增加的收益超过所增加的成本时，才应当实施或扩大赊销规模；如果赊销有着良好的盈利前景，就应当放宽信用条件增加赊销量。

在存货管理方面，由于存货在企业流动资产中占据很大比重，农垦企业要在存货成本和存货效益之间做出权衡，争取以最低的成本保证正常的生产经营需要。

2. 营运资本筹资管理

营运资本筹资管理的重点是商业信用和短期银行借款。商业信用是商品交易中由于延期付款或预收货款所形成的企业间的借贷关系，是一种“自发性筹资”。

商业信用的具体形式有应付账款、应付票据、预收账款等。农垦企业应关注没有享受应付账款的免费信用产生的成本，合理选择利用现金折扣政策。

农垦企业在选择借款银行时，重要的是要选用适宜的借款种类、借款成本和借款条件，此外还应考虑下列有关因素：

（1）银行对贷款风险的政策。有的银行贷款政策倾向于保守，只愿承担较小的贷款风险；有的银行贷款政策富于开拓，敢于承担较大的贷款风险。

（2）银行对企业的态度。有的银行肯于积极地为企业提供建议，帮助分析企业潜在的财务问题，乐于为具有发展潜力的企业发放大量贷款，在企业遇到困难时帮助其渡过难关；也有的银行很少提供咨询服务，在企业遇到困难时一味地为清偿贷款而施加压力。

(3) 贷款的专业化程度。一些大银行设有不同的专业部门，分别处理不同类型、不同行业的贷款。企业与这些拥有丰富专业化贷款经验的银行合作，会更多地受益。

3. 防范营运资金不足的风险

企业正常经营运转陷入经营困境，往往是由资金链断裂危机引起的；农垦企业要防范资金链断裂的危机，确保正常经营运转。具体包括：

(1) 防范营运资金不足引发的资金链断裂。营运资金不足导致的财务危机通常有以下三种情况：一是企业规模扩张过快，以超过其财务资源允许的业务量进行经营，导致过度交易，从而形成营运资金不足；二是存货增加、收款延迟、付款提前等原因造成现金周转速度减缓，此时，若企业没有足够的现金储备或借款额度，就缺乏增量资金补充投入，而原有的存量资金却因周转缓慢而无法满足企业日常生产经营活动的需要；三是营运资金被长期占用，企业因不能将营运资金在短期内形成收益而使现金流入存在长期滞后效应。

(2) 防范信用风险引发的资金链断裂。信用风险主要分为两种，一是突发性坏账风险。由于客观情况发生了不可预见性的变化，造成应收账款无法收回，形成坏账。二是大量赊销风险。企业为适应市场竞争，采用过度宽松的信用政策大量赊销，虽能在一定程度上扩大了市场份额，但也潜伏着引发信用风险的危机。

(3) 防范流动性不足引发的资金链断裂。大多见于两种情况，一是增加流动负债弥补营运资金不足。企业为弥补营运资金缺口，用借入的短期资金来填充，造成流动负债增加，引发流动性风险。二是短资长用。企业运用杠杆效应，大量借入银行短期借款，增加的流动负债用于购置长期资产，虽能在一定程度上满足购置长期资产的资金需求，但造成企业偿债能力下降，极易引发流动性风险。在这两种情况中，第二种情况更为危险。

(4) 防范投资失误引发的资金链断裂。企业由于投资失误，无法取得投资回报而给企业带来风险。投资风险产生的原因，一是投资项目资金需求超过预算；二是投资项目不能按期投产，导致投入资金成为沉没成本。

(5) 防范相关方损失产生连带风险引发的资金链断裂。企业在与其他企业开展担保、借贷以及存款业务过程中，因对方内部发生重大损失而受到牵连，从而引发的资金链风险。

第三节　农垦企业财务管理实践

案例一：海南省农垦投资控股集团有限公司资金统筹管理基本办法[①]

一、适用范围

本办法适用于海垦控股集团总部、下属企业、事业单位和农场。下属上市公司的资金统筹管理遵守有关公司治理的法律法规和上市公司监管的有关规定。

二、基本原则

（一）财务稳健原则

海垦控股集团作为与垦区百万人的利益密切相关的农业集团，要实现长期健康持续发展，要求财务安排上牢牢把握稳健原则，不能出现财务负担沉重、影响企业发展，甚至资金链断裂的情况。

（二）股权投资资金良性循环原则

作为投资控股公司，主要从事股权投资业务，投出的资金要有合理回报，从而实现良性循环。

（三）财务风险隔离原则

海垦控股集团所属企业数量众多，每家企业都是独立的市场主体和法人单位，今后发展方向主要为混合所有制企业，集团与二级企业间，要筑牢财务风险的防火墙，防止因融资担保等事项出现“火烧连营”的情况。

（四）权责清晰和高效运作原则

海垦控股集团与二级企业的财权要清晰，各司其职，各负其责，谁的责任就问责谁，避免走通过增加审批层次加强财务规范的老路。集团总部应完善财务授权制度，在各管理层级间合理授权，减少无效审批，提高运作效率。

① 所引内容为2017年9月版，有删减。

三、加强财政专项资金的统筹管理

（一）专项资金的范围。统筹管理的专项资金主要包括原农垦总局管理的一般公共预算资金。

（二）海垦控股集团统筹管理的专项资金使用方向是发展八大产业和建设八大园区，重点是支持农场发展产业。

（三）专项资金的使用纳入预算管理，并做好税务筹划，按规定的用途和流程使用，并按照项目管理要求，落实配套资金，确保依法依规使用。

（四）专项资金实行专户存储，保留原农垦总局银行账户，用于行政性、社会性资金收支。财政拨付农垦的其他专项资金，争取通过农垦总局账户收支，减少纳税环节。

（五）海垦控股集团对于拨付农场的大额专项资金，实行银行账户共管制度，确保专款专用，防止滞留、截留、抵扣、挪用。

四、盘活持有的上市公司股权或其他股权

（一）对以战略性控股为主的上市公司股权，在市场存在价值高估的情况下，可减持至51%；在其他股权高度分散、可保持控股地位的前提下，可进一步减少持股比例。

（二）对以财务性持股为主的上市公司股权，在市场存在价值高估的情况下，可全额减持。

（三）对于以财务性持股为主、未实现上市的股权，可根据市场状况和集团财务状况，进行部分或全额转让。

五、支持符合条件的农垦企业上市融资

积极利用资本市场筹集产业发展资金，促进企业稳健快速发展。海垦控股集团对具备上市条件或潜力的二级企业，在资源整合方面予以倾斜。

六、合理控制有息债务规模

（一）海垦控股集团及所属企业要结合自身业务发展需要和实际还本付

息能力，合理控制银行借款、债券等有息债务规模，借款时要做好还款安排，不能只管借不管还。

（二）各二级企业的融资管理，纳入集团的年度预算，融资事项应报海垦控股集团审批，获得批准后由二级企业负责办理具体业务，集团提供技术支持和服务。上市公司及境外混合所有制企业融资事项由其董事会审批。

（三）海垦控股集团发挥议价能力强、借款条件好的优势，将二级企业的融资需求纳入集团整体授信，二级企业可使用集团授信额度，降低融资成本。

（四）各二级企业在向金融机构融资时，可以本企业资产提供抵押、质押担保。

（五）原则上，各二级企业的资产负债率控制在70%以内。

七、建立与银行的合作伙伴关系

从企业长远利益出发，海垦控股集团与银行间应建立合作伙伴关系，实现互惠互利、合作共赢。

八、积极创新融资手段

我国资本市场正在深化改革和扩大开放，创新的融资手段不断出现，对此应积极关注和研究，以能否切实降低融资成本为核心，把握时间窗口，创新集团融资手段。

九、防范系统性财务风险

（一）下属企业融资应以本企业为主体，海垦控股集团原则上不进行统借统贷。

（二）海垦控股集团严格控制为各类子公司提供担保，确需担保的，采取有偿担保方式。

（三）各下属企业应建立应对国家宏观政策、市场环境等因素变化的风险防范机制，有效地控制融资带来的财务风险。

十、实行资金统一归集、集中管理、稳健运营

（一）海垦控股集团所属全资及控股企业或管理的企事业单位，资金应统一归集到财务公司存放。支持集团参股企业资金归集到财务公司存放。

（二）财务公司要依照法律法规和集团制度要求，合理安排资金使用，提高资金使用效益。同时要保持流动性，发挥好资金蓄水池作用，支持八大产业发展。

（三）财务公司应把成员企业存放的资金按照专项资金和一般性资金进行分类管理。

（四）为防止出现流动性危机，作为刚性控制指标，财务公司全年平均的贷存比指标控制在75%以内。

（五）财务公司应根据市场情况确定相应的存款利率水平，收益向成员单位倾斜，维护成员单位利益。

十一、提高投资管理水平

（一）海垦控股集团统筹资金应主要投向热带特色现代农业，建设大基地、大园区、大企业、大产业。资金投入应紧密围绕战略目标，实现合理的财务回报。

（二）项目投资要设定财务指标底线。项目投资内部报酬率指标不低于6%。农业项目投资进入盈利年度起，年投资回报率不低于5%且不低于当期的1年期银行贷款基准利率。投资回报率为归属于集团的净利润除以集团投资额。

（三）将税务筹划方案作为项目审批的必备材料之一，财务部负责对税务筹划方案进行审核。

（四）建立健全集团总部项目投资运营管理激励和约束机制，将投资效果与业务发起部门、审核部门利益挂钩，从根本上为提高投资水平提供制度保障。

（五）对进入正常生产经营期的二级企业考核时，要计算资本金的财务成本，一般应按照年初1年期贷款基准利率确定。

十二、建立现金分红制度

（一）将二级企业现金分红比例纳入二级企业的章程管理，形成硬性规定，防止出现盈利不分红问题，畅通投资回收渠道。

（二）二级企业盈利的第一至三年，应将当年实现的可分配利润的30%以上进行现金分红，第四年以上提高至50%。

（三）二级企业有特殊原因不能按照上述比例现金分红的，应报集团审批。

十三、完善财务授权管理

（一）海垦控股集团完善财务制度建设，扎牢制度的笼子，二级企业要把集团的要求落实到本企业的章程和制度中。

（二）按照以管资本为主的母子公司管理体制，建立总部各层级、总部与二级公司之间权责分明、权责利相统一、各司其职、各负其责的授权制度，减少审批环节，提高运行效率。

案例二：江苏省农垦农业发展股份有限公司投资管理制度①

第一章 总 则

第一条 为加强江苏省农垦农业发展股份有限公司投资管理，规范公司及各级分子公司的投资行为，提高资金运作效率，保证资金运营的安全性和收益性，根据《中华人民共和国公司法》以及公司章程等规定，结合公司具体情况，制定本制度。

第二条 本制度中投资管理是指对公司的投资行为从立项、论证、报批、实施到项目后评价整个过程实施的管理。

第三条 本制度所指投资包括股权投资、固定资产投资、无形资产投资和金融资产投资。

① 本制度自2022年5月开始实施，所引内容有删减。

第四条　投资管理的原则是明确权限，落实责任，加强监管，突出效益。即明确公司总部和所属单位的权限，落实出资者和经营者的责任，加强出资者的监督力度，通过对投资的集中管理，形成企业核心竞争力，实现公司战略目标，确保公司整体效益最大。

第五条　公司及分子公司允许投资的范围如下：公司可以进行股权投资、固定资产投资（下文如无特别说明均含无形资产投资）和金融资产投资；各级子公司可以进行股权投资、固定资产投资，经公司总部书面批准的，可以从事金融资产投资；各级分公司仅限于进行固定资产投资。

第六条　公司投资管理活动由战略投资部统一牵头管理。二、三级公司的投资业务管理部门为投资管理办公室，具体负责本单位所有投资业务的论证、申报及实施等工作。

第二章　投资的前期管理

第七条　公司及所属企业应制定本单位中长期规划，明确企业的主导产业。投资要按照企业的发展规划，围绕主导产业进行。限制不属于企业发展规划确定的主业范围的投资。

第八条　公司及所属企业应制定本单位的年度投资计划，并按本制度规定的投资决策权限报批或备案。年度投资计划要经本单位领导班子集体讨论，科学决策，并按投资权限报批。

第九条　股权投资应具有一定的规模，以增强市场竞争力和抗风险能力。

第十条　股权投资原则上应坚持公司控股的原则，限制参股性的股权投资。但公司具有实际控制权的投资、参股银行和非银行金融机构以及拟上市企业的投资可以以参股方式进行股权投资。

第十一条　股权投资必须与企业净资产规模相适应，净资产低于1 000万元的企业原则上不得进行股权投资。同时，为防止公司资产过于分散和管理链条过长，三级子公司原则上不得进行股权投资。

第十二条　证券、期货等金融资产投资应坚持谨慎原则，制定专门管理规定，由专业人员运作，合理控制投资规模，防范投资风险，保障投资权益。

资金来源应符合国家有关规定。公司及所属子公司不得从事以投机为目的的金融及衍生品交易等高风险投资。

第十三条 投资必须经过可行性论证，内容包括国家产业政策分析、市场分析、效益分析、技术与管理分析、法律分析、风险分析及其他方面的分析。

第三章 投资的决策与审批

第十四条 公司投资管理实行审批制和备案制相结合的方式。

第十五条 所有投资项目可行性论证主要由项目投资单位（总部实施项目为实施部门）组织进行，也可由上级单位、公司相关部门以及有关专业机构联合进行。

第十六条 投资项目由归口管理部门初审，然后按规定权限批准后执行。

第十七条 按本制度规定必须上报审批的项目，由申报投资的单位备齐以下资料（资料清单略），上报公司归口管理部门。

第十八条 公司归口管理部门在收到项目报批的全部资料后，应组织有关部门对该项目进行初审，并提出初审意见。

第十九条 经归口管理部门初审认为可行的项目，经有关领导审核后，根据公司党委“前置研究”规程形成的意见，按照本制度决策权限，须经总经理办公会、董事会及股东大会审议。

第二十条 对投资项目的审议内容包括但不限于：查询项目基本情况，比较选择不同的投资方案；对项目的疑点、隐患提出质询；评价项目执行人的资格及能力；提出项目的建议或决策等。

第二十一条 对投资项目的核决权限如下：

（1）固定资产投资：按不同额度由分别由公司总经理、总经理办公会、董事会、股东大会审批，具体内容略。

（2）股权投资公司及所属子公司股权投资的管理包括立项、可行性论证、审批、实施等，业务管理流程参照公司《党委前置研究讨论重大事项规程（试行）》《内部控制制度》等规定执行，核决权限如下：公司及所属子公司股权投资均需公司董事会审议通过，其中满足以下条件之一的需经股东大会审批（具体条件略）。

第二十二条　归口管理部门根据相应的审批意见，下达书面立项或实施批复文件。

第四章　投资的监督与控制

第二十三条　公司投资实行决策、执行和监管相结合的原则。投资单位对投资项目应实行专人专项监管，做到责权利相对称，确保项目按计划顺利实施。

第二十四条　投资单位在项目正式立项并确定项目执行人后，应确定一名项目监督人，并由项目执行人、监督人与单位主管领导签订项目责任合同书，项目执行人负直接责任，监督人负连带责任。

第二十五条　项目执行人应定期将项目进展情况向项目单位负责人做出书面汇报，并接受财务收支等方面的审计。

第二十六条　投资单位要加强投资的合同管理，投资都必须签订书面合同，合同形式必须规范，内容要客观公正，符合法律和政策，不得含有或隐含损害公司权益的条款。

第二十七条　基本建设、技术改造投资中的工程设计、施工、监理和设备购置、材料采购等，应按照规定进行招投标或比价采购，禁止暗箱操作、以权谋私等行为。

第二十八条　加强对投资的财务管理，按合同规定拨付资金，及时掌握投资进展和资金使用情况。

第二十九条　公司归口管理部门对所属企业重大投资项目的投资进行跟踪检查，帮助解决各种实际问题，协调各方面的关系。

第三十条　进行长期债券投资及短期投资购买的股票、债券、基金等，要按规定取得相应的权属证明，明确登记、保管责任，规范转让的条件及审批程序。

第五章　投资损失的责任追究

第三十一条　公司及所属单位对实际发生的投资损失，要查明原因，及时追究有关人员的责任。

第三十二条 公司将加强对投资的监督管理。对不按规定履行决策程序进行投资的、对明确规定不得投资的项目进行投资的、对不按规定签订投资合同的以及与投资合作方恶意串通等行为，将对单位有关领导人员进行处理。

第七章
农垦企业人力资源管理

第一节 人力资源管理概述

一、人力资源管理理论

（一）人力资源管理的含义

1958年，怀特·巴克（Wright Bakke）出版《人力资源职能》一书，首次将人力资源管理作为管理的普通职能来加以论述。此后，随着人力资源管理理论和实践的不断发展，国内外产生了人力资源管理的各种流派，从不同侧面对人力资源管理概念进行阐释。从综合角度解释，人力资源管理是指组织通过各种政策、制度和管理实践来吸引、保留、激励和开发员工，调动员工工作积极性，充分发挥员工潜能，进而促进组织目标实现的管理活动的总和。

正确地理解人力资源管理的含义，须破除两种错误看法：一种是将人力资源管理等同于传统的人事管理，认为两者是完全一样的，只不过换了一下名称而已；另一种是将人力资源管理与人事管理彻底割裂开来，认为两者是毫无关系的。实则人力资源管理和人事管理之间是一种继承和发展的关系，人力资源管理是对人事管理的继承，人力资源管理又是对人事管理的发展。

（二）人力资源管理的功能

人力资源管理的功能是指它自身所具备或应该具备的作用，主要体现为四个方面：吸纳、维持、开发、激励。吸纳功能主要是指吸引并让优秀的人才加入本企业；维持功能是指让已经加入的员工继续留在本企业；开发功能是指让员工保持能够满足当前及未来工作需要的技能；激励功能则是指让员工在现有的工作岗位上创造出优良的绩效。

就以上四项功能之间的相互关系而言，吸纳功能是基础，为其他功能的实现提供了条件，不将人员吸引到企业中来，其他功能就失去了发挥作用的对象；维持功能是保障，只有将吸纳的人员保留在企业中，开发和激励功能才会有稳定的对象，其作用才可能持久；开发功能是手段，只有让员工掌握了相应的工作技能，激励功能的实现才会具备客观条件，否则就会导致员工“心有余而力不足”；激励功能是核心，是其他功能发挥作用的最终目的，如果不能激励员工创造出优良的绩效，其他功能的实现就失去了意义。

（三）人力资源管理的目标

美国学者提出了人力资源管理应当达到或实现四大目标：第一，保证适时雇用到组织所需要的员工；第二，最大限度地挖掘每个员工的潜质，既服务组织目标，也确保员工的发展；第三，留住那些通过自己的工作有效地帮助组织实现目标的员工，同时排除那些无法对组织提供帮助的员工；第四，确保组织遵守政府有关人力资源管理方面的法令和政策。

人力资源管理的目标应当从最终目标和具体目标这两个层次来进行理解。人力资源管理的最终目标是有助于实现企业的整体目标，在最终目标之下，人力资源管理还要达成一系列的具体目标，包括保证价值源泉中人力资源的数量和质量；为价值创造营建良好的人力资源环境；保证员工价值评价的准确有效；实现员工价值分配的公平合理。

（四）人力资源管理的基本职能

人力资源管理应当承担的基本职能，可概括为以下 7 个方面。

（1）人力资源规划。这一职能包括的活动有：对组织在一定时期内的人力资源需求和员工招聘做出预测；根据预测结果制定平衡供需的计划等。

（2）职位分析与建立胜任素质模型。职位分析包括两部分活动：一是对组织内各职位从事的工作内容和承担的工作职责进行清晰的界定；二是确定各职位所要求的任职资格。胜任素质又称为胜任特征，是指能将某一工作（或组织、文化）中有卓越成就者与表现平平者区分开来的个人的潜在特征。它可以是动机、特质、自我形象、态度或价值观、某领域知识、认知或行为技能。它包括三个方面：深层次特征、引起或预测优劣绩效的因果关联和参照效标。胜任素质模型是指担任某一特定的任务角色所需要具备的胜任特征的总和，即针对特定职位表现优异的那些要求结合起来的胜任特征结构。

（3）员工招聘。这一职能包括招募、甄选与录用三部分。招募是企业采取多种措施吸引候选人来申报企业空缺职位的过程；甄选是指企业采用特定的方法对候选人进行评价以挑选最合适人选的过程；录用是指企业做出决策，确定入选人员，并进行初始安置、试用、正式录用的过程。

（4）绩效管理。根据既定的目标对员工工作结果作出评价，发现工作中存在的问题并加以改进，包括制定绩效计划、进行绩效考核、实施绩效沟通等活动。

（5）薪酬管理。包括确定薪酬的结构和水平，实施工作评价，制定福利和其他待遇的标准，进行薪酬的测算和发放等活动。

（6）培训与开发。包括建立培训体系、确定培训的需求和计划、组织实施培训过程、对培训效果进行反馈总结等活动。

（7）职业生涯规划和管理。职业生涯规划是指一个人通过对自身情况和客观环境的分析，确立自己的职业目标，获取职业信息，选择能实现该目标的职业，并且为实现目标而制定行动计划和行动方案。

二、人力资源管理运行机制

人力资源管理运行机制，在本质上揭示人力资源管理系统的各要素通过什么样的机理来整合企业人力资源以及整合后达到的状态和效果。人力资源管理机制包括牵引机制、激励机制、约束机制和竞争淘汰机制。这四大机制相互协同，从不同的角度来整合和激活组织的人力资源，提升人力资源管理的有效性。

企业通过牵引机制告诉员工应前进的方向和应采取的行为方式；通过激励机制给予员工不断提升自我价值、能力和业绩的动力；依靠约束机制来确保员工行为始终处于帮助企业发展的轨道之中，不发生破坏和偏离；依靠竞争淘汰机制来对不合格的员工进行淘汰。这四大机制形成了一个全面的人力资源管理的“力学系统”，使得员工在企业中能够持续性地处于激活状态，并不断得到能力和业绩的提升。

（一）牵引机制

牵引机制是指明确组织对员工的期望和要求，使员工能够正确地选择自身的行为，最终将员工的努力和贡献纳入帮助企业完成其目标、提升其核心能力的轨道。牵引机制的关键在于向员工清晰地表达组织和工作对员工的行为和绩效期望。因此，牵引机制主要依靠以下模块来实现：

（1）职位说明书。通过职位说明书，明确员工承担的职位所要履行的主要职责和工作内容、完成职责的业绩标准以及完成职责所具备的知识、技能和胜任能力要求。

（2）KPI 指标体系。KPI 指标不仅是企业的考核体系，更是通过对组织战略的层层分解，形成企业自上而下的目标牵引机制，是形成企业牵引机制的核心职能模块。

（3）企业的文化与价值观体系。企业文化隐藏于每个员工的行为和企业的制度化系统的背后，并借助他们来得以体现。通过企业文化，向每一位员工传递正确的行为准则和企业规范。

（4）培训开发体系。培训开发不仅可提高员工为顾客创造价值的核心专长与技能，还可传递企业的文化与价值观，提高员工对企业管理系统的理解与认同。

（二）激励机制

激励机制体现为企业的薪酬体系设计、职业生涯管理和升迁异动制度。即依靠科学、公平、公正的薪酬体系设计，将员工对企业的价值、员工的投入、责任、工作成果等与其获得的报酬待遇相挂钩，依靠利益驱动和员工内在需求的满足来实现对员工的激励。具体而言，企业的激励机制主要依靠以下三个模块来完成：

（1）薪酬体系设计。实现薪酬对员工的有效激励，企业必须树立科学的薪酬分配理念，合理拉开分配差距，建立根据业绩和能力来支付报酬的制度化体系，实现薪酬与绩效考核的有机衔接，将员工的长期激励和短期激励进行有机结合。

（2）职业生涯管理。现代人力资源管理倡导建立多元化的职业生涯通道，为同一个员工提供职务等级和职能等级两种不同的职业生涯通道。

（3）分权与授权机制。根据每个部门和每个职位的工作职责与内容，充分考虑任职者的成熟度、企业制度化管理的规范性等因素，合理赋予每个员工在财务、人事和业务方面的权限。

（三）约束机制

约束机制是对员工的行为进行限定，使其符合企业的发展要求的一种行为控制，使员工行为始终在预定的轨道上运行。约束机制的核心是企业以KPI指标为核心的绩效考核体系和以任职资格体系为核心的职业化行为评价体系。

（1）以KPI指标体系为核心的绩效考核体系。KPI指标体系一方面来自对企业战略目标的分解，另一方面来自对外部市场需求的分解，两种分解使企业的战略目标和外部市场的要求能够有效地传递到组织员工。同时将KPI指标考核结果与员工的报酬待遇、升迁发展相挂钩，依靠利益动力机制形成对员工的约束。

（2）以任职资格体系为核心的职业化行为评价体系。建立企业的职业化行为评价体系，即参照任职资格标准，去评价任职者的行为是否符合组织的期望、流程的要求，是否能够支撑企业的战略目标、获取高的绩效水平。

（四）竞争淘汰机制

企业不仅要有正向的牵引机制和激励机制来推动员工提升能力和业绩，而且还须有反向的竞争淘汰机制，将不适合组织成长和发展需要的员工释放于组织之外，同时将外部市场的压力传递到组织之中，实现对企业人力资源的激活，防止人力资本的沉淀或者缩水。企业竞争淘汰机制在制度上主要体现为竞聘上岗与末位淘汰制度。

（1）竞聘上岗制度。建立公平有效的竞争上岗制度，可避免或降低部分人的不平衡心理，有利于强化员工使命感、责任感；同时也有利于打破因循守旧、故步自封的传统观念，摒弃论资排辈的落后体制。

(2) 末位淘汰制度。企业为满足竞争需要，通过科学评价手段，对员工进行合理排序，在一定范围内实行奖优罚劣，对排名在后面的员工，以一定的比例予以调岗、降职、降薪或下岗、辞退。

第二节 农垦企业人力资源管理

一、人力资源规划

人力资源规划是指在农垦企业发展战略和经营规划的指导下，对企业在某个时期内的人员供给和人员需求进行预测，并根据预测结果采取相应的措施来平衡人力资源的供需，以满足企业对人员的需求，为企业的发展提供合质合量的人力资源保证，为实现企业的战略目标和长期利益提供人力资源支持。农垦企业人力资源规划需把握以下几个要点：一是人力资源规划要在农垦企业发展战略和经营规划基础上进行，要以农垦企业的最高战略为坐标。二是人力资源规划包括供给和需求两个部分，对农垦企业在特定时期内的人员进行供给和需求预测，并根据预测的结果采取相应措施，以保持供需平衡。三是人力资源规划中对企业人力资源供给和需求的预测从数量和质量两个方面进行，不仅要在数量上平衡，还要在结构上配比。

（一）人力资源规划的内容

1. 农垦企业人力资源总体规划

这是对计划期内人力资源规划结果的总体描述，包括预测的需求和供给分别是多少，做出这些预测的依据是什么，供给和需求的比较结果是什么，企业平衡供需的指导原则和总体政策是什么等。主要内容包括：一是供给和需求的比较结果，也可以称作净需求。二是阐述在规划期内企业对各种人力资源的需求和各种人力资源配置的总体框架，阐明人力资源方面的重要方针、政策和原则，如人才的招聘、晋升、降职、培训与开发、奖惩和工资福利等方面的重大方针和政策。三是确定人力资源投资预算。

2. 农垦企业人力资源业务规划

农垦企业人力资源业务规划是总体规划的分解和细化，包括人员补充计划、人员配置计划、人员接替和提升计划、人员培训与开发计划、薪酬激励计划、员工关系计划和退休解聘计划（表 7－1）。

表 7－1　人力资源业务规划的内容

规划名称	目标	政策	预算
人员补充计划	类型、数量、层次及人员素质结构的改善	任职资格、人员的来源范围、人员的起薪	招聘选拔费用
人员配置计划	部门编制、人力资源结构优化、职位匹配、职位轮换	任职资格、职位轮换的范围和时间	按使用规模、类别和人员状况决定薪酬预算
人员接替和提升计划	后备人员数量保持、人员结构的改善	选拔标准、提升比例、未提升人员的安置	职位变动引起的工资变动
人员培训与开发计划	提供内部的供给、提高工作效率	培训计划的安排、培训时间和效果的保证	培训与开发的总成本
薪酬激励计划	劳动供给增加、士气提高、绩效改善	工资政策、激励政策、激励方式	增加工资奖金的数额
员工关系计划	提高工作效率、员工关系改善、离职率降低	民主管理、加强沟通	法律诉讼费用
退休解聘计划	劳动力成本降低、生产率提高	退休政策及解聘程序	安置费用

（二）人力资源规划的意义

人力资源规划的实施，对于农垦企业的良性发展以及人力资源管理系统的有效运转具有非常重要的意义。

1. 有助于农垦企业发展战略的制定

农垦企业的发展战略是对未来的规划，需要将企业人力资源状况作为一个重要变量加以考虑，如果预测的人力资源供给无法满足设定的企业目标，就要对发展战略和经营规划作出相应的调整。

2. 有助于农垦企业保持人员的稳定

农垦企业改革时需要对企业人力资源状况进行全面分析和系统评价，包括企业人力资源的总量、类别和年龄结构、相对充裕度等。通过人力资源规划，不仅可以了解农垦企业内部是否存在人才浪费现象，也可了解企业外部是否有出色的人才可以引进，从而改善企业人员素质和结构。

3. 有助于农垦企业降低人工成本

人力资源为农垦企业创造价值的同时也给企业带来一定成本开支，理性企业是追求以最小的投入实现最大的产出，通过人力资源规划预测企业人员变化，逐步调整企业人员结构，避免人力资源浪费，将员工的数量和质量控制在合理的范围内，节省人工成本，提高人力资源的利用效率。

（三）人力资源预测

人力资源预测是人力资源规划中的重要一环，通过人力资源规划，农垦企业可以及早发现人员不足或人浮于事的现象。为保证人力资源规划的合理性，必须对人力资源需求和供给进行准确预测。人力资源预测是指企业在评估和预测基础上，对未来一段时期内人力资源状况的推测。人力资源预测可以分为人力资源需求预测和人力资源供给预测。

1. 人力资源需求预测

人力资源需求预测是指对农垦企业未来某一特定时期内所需要的人力资源的数量、质量以及结构进行估计。影响人力资源需求的因素包括：一是企业发展战略和经营规划。当企业决定实行扩张战略时，未来企业设置的职位要增加；当企业调整某一业务领域时，未来相应职位结构就会发生变化。二是产品和服务的需求。当产品和服务的需求增加时，相应职位也应增加；反之，职位应减少。产品和服务需求数量的变化直接体现在企业经营规模变化上。三是职位的工作量。职位的工作量不饱满，就合并相关职位，职位数量就要减少；相反，如果职位的工作量超负荷，职位数量就要增加。四是生产效率的变化。在其他条件不变的情况下，生产效率的变化会引起职位数量的反向变化，生产效率提高，设置的职位会减少；生产效率降低，设置的职位就要增加。

2. 人力资源供给预测

人力资源供给预测是指对未来某一特定时期内能够供给农垦企业的人力资源数量以及结构进行估计。人力资源供给包括内部供给和外部供给，内部供给是指内部劳动力市场提供的人力资源供给，外部供给则是指外部劳动力市场提供的人力资源供给。人力资源供给分析包括两个方面：一是外部供给分析。影响外部供给的因素主要有外部劳动力市场的状况、应聘者的就业意识、企业吸引力等。当外部劳动力市场紧张时，外部供给的数量就会减少；而当外部劳动力市场宽松时，供给的数量就会增多。二是内部供给分析。包括对现有人力资源的分析、对人员流动的分析、对人员质量的分析。

3. 人力资源供需的平衡

人力资源规划的最终目的是实现农垦企业人力资源供给和需求的平衡，因此在预测出人力资源的供给和需求之后，需采取相应的措施。人力资源供给和需求之间的关系有以下四种：一是供给和需求在数量、质量以及结构方面基本相等，是一种比较理想的结果。二是供给和需求在总量上平衡，但结构上不匹配，需要进行人员内部的重新配置；对现有人员进行有针对性的培训，进行人员置换，调整人员结构。三是供给大于需求。扩大经营规模或开拓新的增长点；永久性的裁员或者辞退员工，鼓励提前退休；冻结招聘，停止招聘；缩短员工工作时间或降低员工的工资；对富余的员工进行培训。四是供给小于需求。从外部雇用人员；提高现有员工的工作效率；延长工作时间；降低员工的离职率；将企业某些业务进行外包。

二、员工招聘

在人才竞争日趋激烈的今天，获取合格人才、吸引并甄选优秀人才已成为农垦企业生存发展的关键。作为人力资源管理的一项基本职能活动，员工招聘是人力资源进入企业或具体职位的重要入口，不仅是人力资源管理系统正常运转的前提，也是农垦企业正常运转的重要保证。

（一）招聘的含义

招聘是指在企业总体发展战略规划的指导下，制定相应的职位空缺计划，寻找合适的人员来填补这些职位空缺的过程。包括招募、甄选与录用三部分。招募是企业采取多种措施吸引候选人来申报企业空缺职位的过程；甄选是指企业采用特定的方法对候选人进行评价，以挑选最合适人选的过程；录用是指企业做出决策，确定入选人员，并进行初始安置、试用、正式录用的过程。

（二）招聘原则

一是因事择人的原则。以事业的需要、岗位的空缺为出发点，根据岗位对任职者的资格要求来选用人员，防止因人设事、人浮于事。二是能级对应的原则。企业应招聘与企业文化和管理风格匹配的员工，做到人尽其才、用其所长。三是德才兼备原则。应注重德才兼备，对有才无德的人应坚持不用。四是用人所长的原则。要克服求全责备的思想，树立主要看人的长处、优点的观念。知人善任，用人之长。用人之长的同时，也要正确看待其短处。五是坚持宁缺毋滥原则。可招可不招时尽量不招，可少招可多招时尽量少招。

（三）招聘工作步骤

为了保证招聘工作的科学规范，提高招聘的效果，农垦企业招聘活动可按照以下步骤进行：确定招聘需求、制定招聘计划、招募、甄选、录用、效果评估。

1. 确定招聘需求

确定招聘需求是整个招聘活动的起点。招聘需求包括数量（空缺职位）和质量（所需具备的任职资格与胜任素质等）需求两个方面。要以人力资源规划、职位分析和胜任素质模型为基础，进行招聘需求确定。

2. 制定招聘计划

招聘需求明确后，人力资源管理部门需会同用人部门共同制定招聘计划及具体措施。招聘计划包括招聘规模、招聘范围、招聘时间和招聘预算等。一是招聘规模。农垦企业准备通过招聘吸引多少应聘者，将数量控制在一个合适的规模。二是招聘范围。农垦企业在多大的地域范围内开展招聘活动。从招聘效果考虑，范围越大，效果相应也会越好；但是范围扩大，企业的招聘成本也会增加。三是招聘时间。招聘工作需要耗费一定时间，甄选录用和岗前培训也需要时间，因此企业要合理确定招聘时间，保证及时填补职位空缺。四是招聘预算。招聘计划中要对招聘预算做出估计，招聘预算由人工费用、业务费用、其他费用组成。

3. 招募

招募包括选择招聘来源和招聘方法。招聘来源是指潜在的应聘者所在的目标群体，招聘方法是指让潜在的应聘者获知企业招聘信息的方式和途径。如果企业选的招聘方法并不能让潜在的应聘者及时获知招聘信息，则无法吸引到应聘者。

4. 甄选

甄选是人员招聘中最关键一环，甄选质量高低直接决定选出来的应聘者是否能达到农垦企业要求，涉及心理测试、无领导小组讨论等诸多甄选方法。甄选的最终目的是将不符合要求的应聘者淘汰，挑选出符合要求的应聘者供企业进一步筛选。

5. 录用

人员录用决策对招聘有着极其重要的影响，如果决策失误，整个招聘过程则功亏一篑。这个阶段涉及的主要工作包括录用决策、通知录用者及未录用者、员工入职、试用和正式录用等。

6. 效果评估

对招聘效果进行评估，可以帮助农垦企业发现招聘过程中存在的问题，对招聘计划、招聘方法和招聘来源进行优化，提高招聘效果。从以下几个方面对招聘效果进行评估：一是招聘时间。在招聘活动结束后要将招聘过程中各个阶段所用时间与计划时间进行对比，为准确制定招聘时间奠定基础。二是招聘成本。将实际发生的招聘费用与预算费用进行对比，计算各种招聘方法的招聘单价，找出最优的招聘方法。三是应聘比率。其他条件相同时，应聘的比率越高，说明招聘的效果越好。四是录用比率。这是对招聘效果质量方面的评估，其他条件相同时，录用的比率越高，说明招聘的效果越好。

三、培训与开发

培训与开发是指企业通过各种方式使员工具备完成现在或将来工作所需要的知识、技能并改变他们的工作态度，以改善员工在现有或将来职位上的工作业绩，最终实现企业整体绩效提升的一种计划性和连续性的活动。

农垦企业通过招聘录用来吸纳新员工，新员工对于企业目标、企业文化、具体岗位工作内容等并不一定真正理解掌握，所具备的知识能力可能与实际工作要求有一定差距。因此，需尽快提高新员工的能力水平，使他们加快融入企业，以积极有效的行为和心态开展工作。此外，当农垦企业环境（如经营战略转变、引进新技术等）发生变化时，也需对企业老员工进行培训，帮助他们适应新的环境。

（一）培训与开发的原则

一是服务企业战略和规划原则。培训要服从和服务于企业的战略和规划，从农垦企业战略高度来进行，绝不能将两者割裂开来。二是目标原则。目标对员工行为具有明确导向作用，使受训人员在接受培训的过程中具有明确的学习方向和一定的学习压力。三是差异化原则。一方面指培训内容上的差异化。农垦企业根据工作内容、工作业绩的不同，确定不同的培训内容，进行个性化培训。另一方面指人员上的差异化。培训应当向关键职位倾斜，尤其是中高层管理和技术人员。四是激励原则。调动员工的积极性和主动性，以更大热情参与到培训中来，提高培训的效果。五是讲究实效原则。培训内容应结合实际，注重培训转化，学以致用，将培训和工作结合起来，结合员工实际情况进行具有明确目的的培训，确保培训收到实效。六是效益原则。考虑培训方式方法，采取适当的培训措施，以期获取最佳的培训效益。

（二）培训与开发的具体实施

培训与开发过程复杂，为了保证顺利实施，在农垦企业实践中应当遵循以下步骤：一是培训需求分析；二是培训设计，包括制定培训计划、做好培训准备等；三是培训实施；四是培训转化；五是培训评估和反馈。

1. 培训需求分析

在实施培训与开发之前，须对培训需求进行分析，这是整个培训与开发工作的起点，如果前期的培训需求分析出现偏差，那么培训工作的实施可能会“南辕北辙”，达不到预期目的。培训需求分析包括组织分析、任务分析、人员分析。

2. 培训设计

培训设计主要包括制定培训计划、做好培训前的准备等工作。为了保证培训活动的顺利实施，需要制定出一个培训计划，依此来指导培训的具体实施；在培训准备阶段，除了制定培训计划之外，还要采取措施确保受训人员对培训做好充分的准备。

3. 培训实施

针对不同培训项目，会有不同的具体实施工作。授课类培训项目实施包括如下几方面工作：第一步，接待培训师。第二步，工作人员做好签到表，请参加培训的员工签字。第三步，简要介绍培训师和培训项目。第四步，发放相关材料。第五步，培训师开始授课。第六步，课程结束前后向学员发放、回收问卷。第七步，收尾工作。

4. 培训转化

培训转化是指将培训中所学到的知识、技能和行为应用到实际工作中的过程。培训成果能否顺利转化并保持转化效果受多种因素的影响，如受训者特点、培训设施、工作环境等。

5. 培训评估和反馈

培训与开发的最后一个步骤是对培训进行评估和反馈，这不仅可以监控培训是否达到了预期的目的，更有助于对培训进行改进和优化。

四、绩效管理

（一）绩效管理的含义

绩效管理是制定员工的绩效目标并收集与绩效有关的信息，定期对员工绩效目标完成情况作出评价和反馈，以确保员工的工作活动、工作产出与组织保持一致，进而保证组织目标完成的管理手段与过程。

（二）绩效管理的内容

农垦企业绩效管理是由绩效计划、绩效监控、绩效考核和绩效反馈这四部分组成的一个系统。绩效计划：这是整个绩效管理系统的起点，在绩效周期开始，由上级和员工一起就员工在绩效考核期内的绩效目标、绩效过程和手段等进行讨论并达成一致。绩效监控：在整个绩效期内，通过上级和员工之间持续沟通来预防或解决员工实现绩效时可能发生各种问题的过程。绩效考核：指确定一定的考核主体，借助一定的考核方法，对员工的工作绩效作出评价。绩效反馈：指绩效周期结束时在上级和员工之间进行绩效考核面谈，由上级将考核结果告知员工，指出员工的不足并和员工一起制定绩效改进计划。绩效反馈的过程很大程度上决定了组织实现绩效管理目标的程度。

（三）绩效管理的目的

农垦企业绩效管理的目的主要体现在三个方面：战略、管理与开发。战略目的：绩效管理将员工努力与组织战略目标联系起来，通过提高员工个人绩效来提高企业整体绩效。管理目的：通过绩效管理对员工行为和绩效进行评估，以适时给予相应奖惩以激励员工，评价结果为相关决策提供依据。开发目的：在实施绩效管理过程中，发现员工存在的不足，并有针对性地进行改进和培训，提高员工素质。

（四）绩效考核方法

绩效考核是指考核主体对照工作目标和绩效标准，对农垦企业中每个实施组织和员工所承担的工作任务完成情况、员工工作职责履行程度和员工发展情况，应用科学的定性和定量方法，对员工行为的实际效果及对企业的贡献或价值进行考核和评价，并反馈给员工的过程。常见的绩效考核方法主要有目标管理绩效考核法（Management by Objectives，MBO）、关键业绩指标绩效考核法（Key Performance Indicator，KPI）、平衡计分卡绩效考核法（Balanced Score Card，BSC）及全方位绩效考核法（360 度考核法）等。

1. 目标管理绩效考核法

目标管理绩效考核法是一种领导者与下属之间的双向互动过程。将组织的整体目标逐级分解至个人目标，最后根据被考核人完成工作目标情况进行考核的一种绩效考核方式。目标的量化标准要符合“SMART”原则（S = Specific，M = Measurable，A = Attainable，R = Relevant，T = Time - bound）。目标管理的设计思想是通过有意识地为员工设立一个目标，实现影响其工作表现的目的，进而达到改善企业绩效的效果。

2. 关键业绩指标绩效考核法

关键业绩指标是通过对组织内部流程输入端、输出端的关键参数进行设置、取样、计算、分析，衡量流程绩效的一种目标式量化管理指标，是对企业运作过程中关键成功要素的提炼和归纳。以企业年度目标为依据，通过对员工工作绩效特征的分析，据此确定反映企业、部门和员工个人一定期限内综合业绩的关键性量化指标，并以此为基础进行绩效考核。具体操作流程如图 7 - 1 所示。

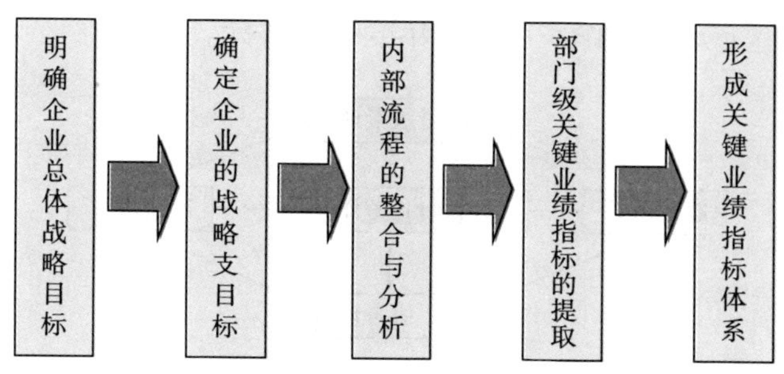

图 7－1　关键业绩指标绩效考核法操作流程

3. 平衡计分卡绩效考核法

平衡计分卡将企业的远景、使命和发展战略与企业的业绩评价系统联系起来，并把企业的使命和战略转变为具体的目标和评测指标，以实现战略和绩效的有机结合。平衡计分卡以企业的战略为基础，从企业的财务、顾客、内部业务过程、学习和成长四个角度进行评价，并将各种衡量方法整合为一个有机的整体。具体操作流程如图 7－2 所示。

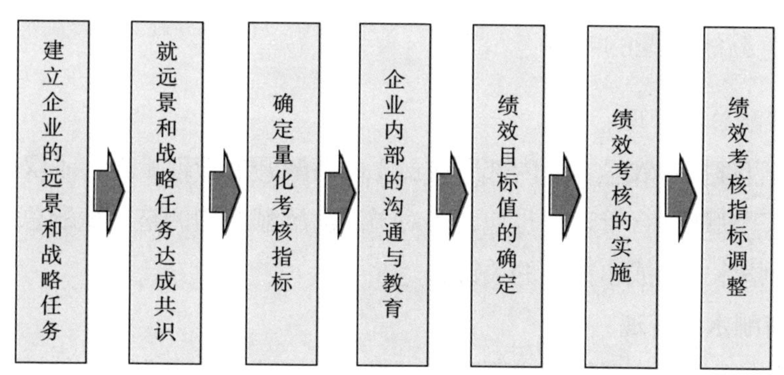

图 7－2　平衡计分卡绩效考核法操作流程

4. 全方位绩效考核法

全方位绩效考核法又称 360 度考核法，是一种较为全面的绩效考核方法。强调从与被考核者发生工作关系的多方主体那里获得被考核者的信息，信息来源包括：来自上级监督者的自上而下的反馈；来自下属的自下而上的反馈；来自平级同事的反馈；来自企业内部的协作部门和供应部门的反馈；来自企业内部和客户的反馈以及来自本人的反馈（图 7－3）。360 度考核法的实施，首先是听取意见，填写调查表，然后对被考核者各方面作出评价。在分析讨论考核结果的基础上双方进行讨论，制定下年度绩效目标。

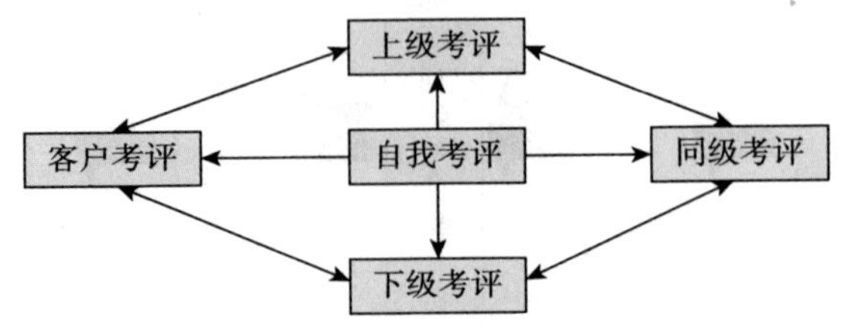

图 7-3　全方位绩效考核法

五、薪酬管理

薪酬是指员工通过自己的努力和劳动力付出获取的经济回报。薪酬管理是企业在经营战略和发展规划的指导下，综合考虑内外部各种因素影响，确定薪酬体系、薪酬水平、薪酬结构、薪酬构成，明确员工所应得的薪酬，并进行薪酬调整和薪酬控制的过程。

（一）薪酬管理的内容

1. 薪酬总额管理

总额管理指对农垦企业内部所有员工的薪酬开展管理工作，不仅仅包含企业内部员工薪酬综合管理，也包含了对员工薪酬额度的调整。薪酬总额管理是农垦企业整体人力成本控制的关键。

2. 薪酬水平管理

薪酬水平管理指以国家宏观政策、最低工资基数、企业所处地域和从事行业为基础进行基本平均工资的确认。就目前而言，行业属性和地域特征对于企业基本薪酬水平的影响较大。

3. 薪酬制度管理

薪酬管理制度是农垦企业薪酬管理的执行依据和保障，包含薪酬体系的确认以及薪酬支付。职位体系和薪酬体系是紧密联系在一起的，根据职位体系、企业业务特点和市场行情制定企业的薪酬结构和薪酬标准。

4. 薪酬日常工作的管理

作为激励员工积极主动工作的重要因素之一，薪酬的组成和员工具体的薪酬内容是会随着社会的发展、企业的发展以及员工个人能力的成长而动态变化的，因此，日常薪酬调整、薪酬计划、薪酬分析工作也十分重要。

（二）薪酬管理的原则

一是合法性原则。企业的薪酬管理政策符合国家法律和政策的有关规定，是薪酬管理应遵循的最基本原则，能够保障劳动者的合法权益，对企业的薪酬体系施加约束力和影响力。二是公平性原则。公平是薪酬系统的基础，只有在员工认为薪酬系统是公平的前提下，才可能产生认同感和满意度。三是及时性原则。薪酬的发放应当及时，一方面保障员工的正常生活。另一方面是对员工有效行为的一种奖励。四是经济性原则。企业支付薪酬时应当在可承受范围内进行；农垦企业进行薪酬管理必须要考虑到自身承受能力，超出承受能力的过高薪酬必然会成为企业沉重的负担。五是动态性原则。农垦企业面临的内外部环境处于不断变化中，企业整体的薪酬水平、薪酬结构和薪酬形式要保持动态性，员工个人的薪酬要具有动态性，根据其职位变动、绩效表现进行薪酬调整。

（三）薪酬管理的基本决策

农垦企业应根据自身的发展战略与人力资源管理战略，确定薪酬战略。根据薪酬战略，设计薪酬体系与制度，并据此进行薪酬管理。为了确保薪酬体系达到目标，应制定薪酬体系、薪酬水平、薪酬构成、薪酬结构四个方面的决策。

1. 薪酬体系

薪酬体系是指农垦企业以什么为基础来确定薪酬。常见薪酬体系包括职位薪酬体系和能力薪酬体系。职位薪酬体系是根据对每一职位价值的评价来确定其基本薪酬，是以“职位”为中心的薪酬体系，是对“职位”而不对“人”。能力薪酬体系则是指根据对每一员工能力（或者技能、胜任特征）的评价来确定其基本薪酬，是以“人”为中心的薪酬体系。

2. 薪酬水平

薪酬水平指企业内部各职位、各部门以及企业整体平均薪酬的高低状况，反映了企业所支付薪酬的外部竞争性与薪酬成本。在确定薪酬水平时，企业通常采用四种策略：一是领先型策略，即薪酬水平高于市场平均水平的策略。这种薪酬比较有竞争力，成本相对较高。二是市场追随策略，即根据市场平均水平确定企业薪酬定位，企业薪酬成本与产品竞争对手的薪酬成本保持基本一致。此种薪酬竞争力中等，成本也是中等的。三是拖后型策略，即企业的薪酬水平要明显低于市场平均水平。薪酬竞争力弱，但成本比较低。四是混合型策略，即针对企业内部的不同职位采用不同的策略。

3. 薪酬构成

薪酬构成是指在员工和企业总体的薪酬中，不同类型薪酬的组合方式。对于企业而言，基本薪酬、可变薪酬与间接薪酬都是经济性支出，但这三种薪酬的作用又不完全相同。基本薪酬在吸引、保留人员方面效果比较显著，在激励人员方面效果一般；可变薪酬在吸引、激励人员方面效果比较显著，在保留人员方面效果中等；间接薪酬在保留人员方面效果比较显著，在吸引、激励人员方面效果一般。企业在薪酬管理的过程中，应该考虑这三种薪酬在员工总薪酬中所占的比例。

4. 薪酬结构

薪酬结构指农垦企业内部的薪酬等级数量、每一等级的变动范围及不同薪酬等级之间的关系。薪酬结构反映企业内部各个职位之间薪酬的区别，对于员工而言具有重要的价值。在薪酬管理中，会根据员工的职位（或者能力）确定员工的薪酬等级，这一等级确定后，员工的薪酬也基本确定。因此，企业的薪酬结构设计得比较合理时，会对员工的吸引、保留与激励产生积极作用，反之则会带来负面影响。

六、员工关系管理

（一）员工关系的内容

员工关系是指农垦企业各主体包括企业所有者、企业管理者、员工和员工代言人等之间围绕雇佣和利益关系而形成的权利和义务关系。员工关系管理贯穿人力资源管理的始终，其目标是通过营造良好的员工关系，让员工集中精力干工作，实现组织发展规划。主要包括以下内容：

1. 劳动关系

劳动关系是指国家机关、企事业单位、社会团体、个人经济组织和民办非企业单位（统称为用人单位）与劳动者之间依照法律签订劳动合同，劳动者接受用人单位的管理，从事用人单位合理安排的工作，成为用人单位的一员，从用人单位领取劳动报酬和受劳动保护的一种法律关系。

2. 劳动争议

如何预防劳动争议、有效解决争议是农垦企业必须面对的重要课题。劳动争议具有以下特征：劳动争议发生在劳动者和用人单位之间；劳动争议的实质是劳动双方针对劳动关系的权利义务所发生的分歧和意见不一致。

3. 离职管理

离职是指企业员工流出企业的过程。对农垦企业来说，维持员工在合理范围内的流动是一件好事，既可以保持企业的活力，又不至于背负过重的人力成本，也有利于挑选优秀人才。同时，劳动者可以在劳动力市场上评估自己的价值，选择更优的企业，实现自身价值。但离职会给企业的员工关系管理带来新挑战。

（二）劳动保护

农垦企业重视员工安全与健康的目的，在于保护员工免受不必要的身心损害。劳动保护是提升劳动安全的重要手段，是对员工在劳动过程中存在的不安全、不卫生的因素采取的各种技术措施和组织措施的总称。

劳动保护所要解决的问题是针对生产活动中一切有可能危害劳动者的因素，采取有效措施加以消除或控制，创造合乎安全生产要求的劳动条件，防止伤亡事故、职业病的发生。劳动保护的基本任务是保证安全生产、实现劳逸结合、对特殊劳动群体的保护、规定工作时间和休假制度、组织工伤救护以及做好职业病的防治等。

劳动保护的内容包括四个部分：劳动时间规定、安全生产技术、职业卫生和对特殊劳动群体的保护。劳动时间规定是指农垦企业员工工作时间必须符合国家有关法律法规的相关规定，应该有利于员工身心健康发展；安全生产技术是指为了消除生产过程中的不安全因素，保障员工人身安全，预防人身事故而采取的各种技术、物质措施的总称；职业卫生是为了消除由于职业特点而形成的对于劳动者健康的不利影响，从工作安排、技术组织管理等方面采取各种措施，建立合乎科学的劳动环境，保证劳动者的身体与心理健康；对特殊劳动群体保护主要指对女员工、年长员工等具有特殊生理特点的员工应实行有针对性的劳动保护措施，例如，禁止女员工从事一些禁忌的、强度过大的工作，对在怀孕期、产期、哺乳期的女员工进行特殊保护等。

第三节　农垦企业人力资源管理案例

案例一：海垦控股集团完善机制，做好引才、育才、用才工作

近年来，伴随着农垦改革的浪潮与海南自贸港建设的东风，海南省农垦投资控股集团有限公司（以下简称海垦控股集团）实施人才强垦战略，紧紧围绕“八八战略”，紧扣产业发展布局，积极做好“引才、育才、用才”三篇文章，打造人才磁场，为海南农垦转型发展和海南自贸港建设储备高质量人才。

引才：四海贤能招进来

2020 年，海南橡胶在招聘中引入 96 名“含金量”十足的管培生，新生力量激发企业活力，为企业高质量发展储备人才。海南橡胶不仅着眼于当下的产业发展需求，更瞄准日后的业务发展与扩张以及海南自贸港建设需求，进一步完善人才结构。海南自贸港建设的推进，使跨国交流和国际合作日益增多，海南橡胶储备一批有留学背景、精通外语、了解欧美商务文化的国际化人才；围绕产业研发和市场扩展需求，招聘高分子类、机械自动化等一批对口专业人才；为企业战略布局和转型发展储备力量，招聘一批金融、投资、国际贸易等专业人才。

这么多优秀人才为何选择在海南橡胶“落脚”？一方面是海南自贸港建设这一时代机遇，另一方面是海南橡胶提供的优越待遇和发展空间。

以最大诚意拿出含金量高和发展空间广的岗位面向社会招聘，为人才搭建良好平台。海垦控股集团借助改革发展契机，大力调整人才队伍结构，将人才队伍建设与产业发展相结合，打破“论资排辈”的传统，以产业和项目建设为引领，向社会释放一批优质岗位。对外集中发布 295 个招聘岗位，其中不乏产业集团副总裁、农场公司总经理（副总经理）等管理干部。

此外，海垦控股集团组织下属企业积极用好用活海南省人才政策，以兼职兼薪、项目合作、顾问指导等创新形式柔性引才，聘请上海光明集团、中国农业大学动物科技学院等 10 名企业家和专家学者担任集团战略咨询顾问委员会专家顾问；设立院士工作站等平台，引入一批国内外知名学者及其研究团队，为企业发展增添科技动能。

育才：优秀人才冒出来

以完善机制培育人才。近年来，海垦控股集团以及下属企业坚持人才培养引进“双轮驱动”，加大人才的培养力度，通过常态化组织品牌化培训、开展技能比赛、实施专项人才培养计划等举措，逐步探索全方位、多元化、立体式的人才培养体系。

“青苗计划”专项人才培养计划，使不少职场新人短时间内一跃成为管理干部。“青苗计划”不仅是选人用人计划，更是立足海垦培养中高级管理人员或相关产业领域专家的专项培养计划。依托专项计划，打破“论资排辈”，让优秀人才在实际锻炼中更容易脱颖而出。在海南橡胶，“未来新星”人才专项培养计划的实施，也让一批年轻干部脱颖而出，成为分公司的领导人员。

从总部到基层，一场场含金量十足的讲座与技能培训活动相继举行。在农垦大讲堂中，结合工作实际，海垦控股集团邀请专家、学者主讲，把业务培训与人才培养相结合，不断提升干部职工的政治素养、理论水平、业务知识等综合素质，为海南自贸港建设打造一支政治强、业务精、作风正的职工干部队伍。

用才：发展空间大起来

事业因人才而兴，人才因事业而聚。人才来了，如何更好地让他们发挥自身的作用？

不是简单地靠薪酬抢人，而是用环境吸引人才，用平台培养人才，用感情留住人才。为人才提供优良的发展环境，调动他们的积极性显得尤为重要，而关键在于为人才提供发展发挥的舞台和建立有效的激励机制。

为此，海垦控股集团出台《总部员工绩效与薪酬管理办法（修订）》，采取多种分配方式，拉开分配档次，将员工薪酬福利待遇、绩效发放和个人业绩与企业经营增长幅度挂钩，大力倡导市场竞争、效率效益优先的人才使用观念，并鼓励下属企业实行员工持股，搞活内部分配。

海垦控股集团为人才提供保障工作，如建造人才楼给集团引进的和现有的高端人才免费入住，目前已建成近百套人才公寓并投入使用。

同时，海垦控股集团及下属企业也纷纷探索人才激励机制。海南橡胶不断健全约束奖励机制，创新提出“三标三系三受益”（“三标”即竞标定岗、达标定薪、指标护航，“三系”即政策体系保障、制衡体系约束、数据体系风控，“三受益”即在增量中分配，实现国家受益、企业受益、职工受益）绩效管理体系，大胆引才选才用才，为企业发展注入新动力和活力，激发员工干事创业的持久动力。

案例二：云南农垦集团释放人才发展新动能

多年来，云南农垦集团始终坚持“党管人才”原则，牢固树立“人才是第一资源”的理念，大力实施“人才强企”战略，积极探索人才体制机制改革创新，通过做好人才“选用育留”文章，着力激发人才的创新创造活力，持续释放人才引擎的强劲动力，为集团高质量发展汇聚力量。

用心引才：打造人才聚集“强磁场”

一直以来，云南农垦集团秉持“以五湖四海的胸怀广纳天下英才”的原则，结合发展需求，始终把人力资源作为集团发展最宝贵、最具价值和最有活力的第一资源，加大人才引进力度，紧扣“公平公正公开”“竞争择优”的人才引进导向，突出关键岗位、结构优化、注重质量和向优秀应届毕业生倾斜的理念，通过建立健全各类制度、面向高校毕业生和社会公开招录等方式，吸引集聚了大批高端人才及创新创业团队，全力打造出引才聚才的“强磁场”。

云南农垦集团不断建立健全人力资源规划、招聘与配置、培训与开发、薪酬福利、绩效考核和劳动关系等各模块体系，制定了30多项人力资源管理制度，并不断持续优化完善，有力地夯实了人力资源管理工作基础，促进了人力资源管理工作体系化、制度化和规范化。

通过长期与前程无忧、猎聘网等机构和高校合作，开辟集团招揽人才专栏，借助政府人才平台参加省政府到长三角、海外的招聘专场，向更广层面招聘高层次人才。加大重点岗位人才引进力度，统一组织招聘会，通过为高校毕业生提供实习岗位、提前介入对高校生了解与培养等多种形式，搭建起集团与社会人才互动了解的平台，让更多的人才了解农垦、走进农垦、留在农垦，为农垦发展贡献力量。

精心育才：不断扩容人才“蓄水池”

近年来，云南农垦集团秉承“有为才有位、有位更有为、无为就让位”的用人理念，不断深化人才培养机制，创新人才培养模式，大力推进人才队伍建设工作，走出了一条自主培养人才和内培外引相结合的人才队伍建设新路子。在集团发展过程中，找准人力资源工作定位，充分挖掘现有人力资源潜力，营造有利于人才发展的良好氛围，让人力资源管理成为实现高质量发展的关键组成部分。

云南农垦集团还积极思考制定培训体系建设规划，构建一体化综合性职工教育培训基地及核心人才孵化平台，投入经费近 2 000 万元，通过抓实抓牢集团中层干部培训班、“金凤凰”人才培养计划、新提拔人员和中青班、新员工培训等标杆培训项目，加大重点实验室、企业技术中心、工作室、工作站等平台建设力度，全力推进导师制、项目制、师带徒和产学研一体化校企合作等多种有效形式，持续推动选拔、选派各层次各专业优秀人才到急难险重的岗位顶岗实训、以干代训、挂职锻炼等教育培养工作。积极探索党员与骨干“双培养”模式，把党员培养成管理、技术和业务骨干，把骨干发展成党员，让党员成为一面旗帜，助力生产经营。深化“三项制度”改革，大力推进经理层任期制与契约化、市场化选聘职业经理人等机制，不断拓宽职工发展渠道，畅通职工晋升通道。

云南农垦全面推行“一线工作法”，注重在一线考察识别干部，坚持每年开展全覆盖干部工作综合调研，将调研结果运用于日常干部管理工作中，把经过一线实践检验、具有较强综合能力的干部选拔到领导岗位上来，政企分开以来，集团通过内培外引提拔使用中层干部 175 人。此外，加强青年人才、年轻干部队伍建设调查研究，建强、用活青年人才、年轻干部队伍，一批批专家型、专业化的创新型人才脱颖而出，成为推动云南农垦集团改革发展的中坚力量。

真心留才：畅通服务人才“快车道”

在人才发展过程中，云南农垦集团深知不仅要在招揽人才上用狠劲，更要在留住人才上下功夫。集团把党管人才具体落实到党爱人才、党聚人才、党兴人才上，压实“一把手”抓“第一资源”的责任，创新实施党委书记人才工作项目，聚焦重大人才政策制定、重点人才工程实施、重要人才队伍建设、人才生态打造。云南农垦集团明确发展战略，坚持改革开放，大力发展产业，营业收入规模、利润快速增长，蒸蒸日上的发展和干事创业的氛围成为吸引和留住人才的最大“硬核”。与此同时，职工的收入水平和福利待遇也在不断提高，在岗职工平均工资由 2016 年的 4.58 万元/年，提升到 2021 年 10 万元/年，年均增幅约 17%。

云南农垦集团着力关心关爱职工，把“知职工情、解职工忧、帮职工困、暖职工心”作为凝聚人心、增强团结、提升队伍的一项重要举措。集团领导班子定期与职工开展谈心谈话，召开新进员工、青年员工座谈会等，从思想上关怀职工；积极组织开展劳动竞赛、岗位微创新大赛、职工技能提升培训等，持续挖掘职工集体智慧和创新潜能，从工作上关心职工；对患病或生活困难的职工予以组织关怀与帮助，通过慰问患病干部职工、走访困难职工家庭等，从生活上关照职工；深入一线为职工冬送温暖夏送清凉，举行心理健康、交友联谊、体育竞赛等活动，创建“爱心母婴室”“读书屋”“职工之家”“爱心驿站”等，从身心上关爱职工。

进入新时代，云南农垦集团将深入贯彻落实习近平总书记在中央人才工作会议上的重要讲话精神及云南省委人才工作会议精神，全力打造引才、育才、留才、用才全链条，充分发挥人力资源的引领和支撑作用，力争在“人才高地”基础上筑起“人才高峰”，为集团发展凝聚力量、注入强大动能。

第八章

农垦企业创新管理

第一节 创新管理概述

一、创新的概念和主体

（一）创新的概念

创新是在原有资源（工序、流程、体系单元等）的基础上，通过资源的再配置、再整合（改进），进而提高（增加）现有价值的一种手段。将资源以不同的方式进行组合，创造出新的价值。这种“新组合”往往是“不连续的”，也就是说，现行组织可能产生创新，然而，大部分创新产生在现行组织之外。创新是为客户创造出“新”的价值，把未被满足的需求或潜在的需求转化为机会，并创造出新的客户满意。创新的目的不是利润最大化，而是创造客户。以牺牲客户价值为代价的“创造”不是创新，其结果只能是给企业甚至是整个行业造成灾难。

创新活动赋予资源一种新的能力，使它能够创造出更多的客户价值。实际上，创新活动本身就创造了资源。因此，创新是一项有目的性的管理实践，遵循一系列经过验证的原则和条件。在持续改进的过程中有时也能够产生创新的成果，然而，更多的创新产生于对客户需求更深刻的发掘和认识，从而创造出“全新的业务”和客户价值。创新的障碍并非企业的规模，而是现有“成功模式”造成的“行为惯性”和“思维定式”。

创新所释放出来的生产力及其创造出来的市场价值推动了产业和社会的不

断进步，有效地避免了经济的衰退和社会动荡。创新不但是企业可持续发展的源动力，而且也是推动社会进步的有效途径。

（二）创新的主体

创新的主体包括企业员工、管理者、创新型企业家、管理专家和研究机构。全体员工是创新活动的源泉，管理者是管理创新的中坚力量；创新型企业家是管理创新的关键；管理专家和研究机构是管理创新的辅助。

由于企业家在整个企业发展中所处的特殊地位和管理支配力，他们提出创意并付诸实施，或对管理创新活动产生重大影响。企业家是管理创新成败的关键人物，企业要不断创新，首先必须有锐意进取的创新型企业家。

企业家应始终寻求变化，对变化作出及时反应，并把变化作为创新机会予以利用。企业家的创新精神，要求他们必须具备一定的心智特征和能力结构。作为管理创新主体的企业家，应具备的心智特征有：善于学习，具有广博的知识；善于思考，具有系统的思维方式；具有勇于进取的价值取向、健康的心理素质以及优秀的品质。企业家能力是指企业家解决各种问题的本领，是企业家素质的外在表现，包括经营管理能力、决策能力、创新能力、识人用人能力、应变能力、社交能力、表达能力等，核心能力表现为创新能力。

二、创新的内容与策略

（一）创新的内容

创新作为基本的企业行为，其表现形式是多种多样的，具体可分为技术创新、产品创新、文化创新和管理创新。

1. 技术创新

技术创新是市场经济的产物，是创新的重要组成部分之一。技术创新是指与新技术的研究开发、生产及其商业化应用有关的经济技术活动。技术创新是一种能力，体现为市场机会与技术机会的结合，在创造新的商业机会上，是一种能够及时把握商业机会、正确作出创新决策、有效实施决策并成功引入市场的能力，集中体现在提高市场竞争力上。

2. 产品创新

产品创新是指创造某种新产品或对某一新产品或老产品的功能进行创新。通过改善或创造产品，满足顾客需求或开辟新的市场。产品创新可分为全新产品创新和改进产品创新。全新产品创新是指产品用途及其原理有显著的变化；改进产品创新是指在技术原理没有重大变化的情况下，基于市场需要，对现有产品所作的功能上的扩展和技术上的改进。全新产品创新的动力机制既有技术推进型，也有需求拉动型；改进产品创新的动力机制一般是需求拉动型。需求拉动型，即市场需求—构思—研究开发—生产—投入市场的过程。产品创新源于市场对新产品的需求，也就是说技术创新活动以市场需求为出发点，明确产品技术的研究方向，通过技术创新活动，创造出适销产品，使市场需求得以满足。

在现实企业中，产品创新总是在技术、需求两维之中，根据本行业、本企业的特点，将市场需求和本企业的技术能力进行匹配，寻求风险收益的最佳结合点。产品创新的动力从根本上说是技术推进和需求拉引共同作用的结果。

3. 文化创新

企业文化是企业高质量发展的内核动力。企业文化是企业制度与企业经营战略等与企业相关的活动在人的理念上的反映。企业作为一种以人与人的组合为基础的经营活动主体，其经营行为必然最终都要人格化，也就是说，企业是人格化的企业，企业的所有活动最终都要靠人来执行。正因如此，企业的制度创新、经营战略创新，必然会体现在人的价值理念中，也就是以企业文化的形式表现出来。

企业文化创新是指为了使企业的发展与环境相匹配，根据企业本身的性质和特点形成体现企业共同价值观的企业文化，并不断创新和发展的活动过程。企业文化创新的实质在于企业文化建设中突破与企业经营管理实际脱节的僵化的文化理念和观点的束缚，实现向贯穿全部创新过程的新型经营管理方式的转变。面对日益深化、激烈的市场竞争，企业不仅要从思想上认识到创新是企业文化建设的灵魂，而且要逐步深入地把创新贯彻到企业文化建设的各个层面，落实到企业经营管理的实践中。

4. 管理创新

管理创新是指组织形成创造性思想并将其转换为有用的产品、服务或作业方法的过程。企业管理创新是指在企业中建立适应市场经济的经验观念、组织结构、决策机制和激励约束机制等一系列新型管理制度的活动。企业把新的管理要素（如新的管理方法、管理手段、管理模式等）或要素组合引入企业管理系统，以更有效地实现组织目标的创新活动。

组织结构、文化和人力资源这三个因素有利于企业管理创新。从组织结构因素看，有机式结构对创新有正面影响；拥有富足的资源能为创新提供重要保证；单位间密切的沟通有利于克服创新的潜在障碍。从文化因素看，充满创新精神的组织文化通常有接受模棱两可、容忍不切实际、外部控制少、接受风险、容忍冲突、注重结果甚于手段、强调开放系统的特征。从人力资源的因素看，积极对员工开展培训，保持知识的更新；能够给员工提供稳定的工作保障，减少员工担心因犯错误而遭解雇的顾虑；鼓励员工成为革新能手。

（二）创新策略

1. 技术创新策略

在企业中，企业家是技术创新主体的灵魂。技术创新是企业家抓住市场潜在的盈利机会，重新组合生产条件、要素和组织，从而建立效能更强、效率更高和生产费用更低的生产经营系统的活动过程。一般来说，技术创新主要包括新产品、新工艺的制造和改进；新生产方式、新组织体制的管理系统的建立和运行；新资源的开发和利用；新需求、新市场的开拓与占领。

企业技术创新体现在要素的创新和要素组合方法的创新两个方面。

（1）要素的创新。企业的生产过程是一定的劳动者利用一定的劳动手段作用于劳动对象，使之改变物理、化学形式或性质的过程，参与这一过程的要素包括材料、设备及人员三类。材料创新：材料是构成产品的物质基础，材料费用在产品成本中占很大比重，材料的性能在很大程度上影响产品的质量。设备创新：设备是现代企业进行生产的物质技术基础，不断进行设备创新，有利于改善企业产品的质量，减少原材料、能源的消耗，节省劳动力的使用。人员创新：任何生产手段都需要依靠人来操作和利用，企业在增加新设备、使用新材料的同时，还须不断提高人员的素质。

（2）要素组合方法的创新。利用一定的方法将不同的生产要素加以组合是形成产品的先决条件，要素组合方法的创新包括生产工艺创新和生产过程的时空组织创新两个方面。生产工艺创新：生产工艺是劳动者利用劳动手段加工劳动对象的方法，包括工艺过程、工艺配方、工艺参数等内容。生产过程的时空组织创新：生产过程的组织包括设备、工艺装备、在制品及劳动者在空间上的布局和时间上的组合。

技术创新的决定因素主要有竞争程度、企业规模和垄断能力。

竞争是一种优胜劣汰的机制，技术创新可以给企业带来降低成本、提高产品质量和经济效益的好处，帮助企业在竞争中占据优势。因此，企业只有不断进行技术创新，才能在竞争中击败对手，保存力量发展自己，获取更大的超额利润。

企业规模的大小影响技术创新的能力，因为技术创新需要一定的人力、物力和财力，并承担一定的风险，企业规模越大，技术创新能力越强。企业规模的大小也影响着开辟创新市场的能力，企业规模越大，它在技术上开辟创新市场的范围也越大。

垄断能力影响技术创新的持久程度，垄断程度越高，垄断企业对市场的控制力就越强，其他企业就越难进入该行业，垄断企业技术创新得到的超额利润就越持久。在以垄断前景推动技术创新的市场结构中，企业因为能够获得垄断利润而采取技术创新；在以竞争前景推动技术创新的市场结构中，企业由于担心自有产品可能被竞争对手模仿、丧失利润而采取技术创新。

2. 产品创新策略

产品创新在企业发展战略中起着关键的作用，包括选择创新产品、确定创新模式、选择产品创新的方式和产品创新的其他方面等。

(1) 选择创新产品。以市场竞争为基本出发点的产品创新是市场经济中的企业行为，是从市场到市场的全过程。企业究竟生产什么是市场需要与企业优势的“交集”，并以能否取得最大的预期投资回报率为最终选择标准。其关键在于正确确定目标市场的需要和欲望，并且比竞争者更有利、更有效地传递目标市场所期望满足的东西。当然，目标市场的需要和欲望并不只是现在的需求，也包括消费者将来可能产生的需求甚至包括营销者创造的需求。产品创新以现实或潜在的市场需求为出发点，以技术应用为支撑，开发出差异性的产品或全新的产品，满足现实的市场需求，或将潜在的市场激活为一个现实的市场，实现产品的价值并获得利润。

（2）确定创新模式。根据创新产品进入市场时间的先后，产品创新的模式有率先创新、模仿创新。率先创新是指企业依靠自身的努力和探索，产生核心概念或核心技术的突破，并在此基础上完成创新的后续环节，率先实现技术的商品化和市场开拓，向市场推出全新产品。模仿创新是指企业通过学习、模仿率先创新者的创新思路和创新行为，吸取率先创新者的成功经验和失败教训，引进和购买率先创新者的核心技术和核心秘密，并在此基础上改进完善、进一步开发。

（3）选择产品创新的方式。在产品创新的具体实现中，主要有自主创新、合作创新两种方式。自主创新是指企业通过自身的努力和探索产生技术突破，攻破技术难关，达到预期的目标。合作创新是指企业间或企业、科研机构、高等学院之间的联合创新行为。当今全球性的技术竞争不断加剧，企业技术创新活动中面对的技术问题越来越复杂，技术的综合性和集群性越来越强，即使是技术实力雄厚的大企业也会面临技术资源短缺的问题，单个企业依靠自身能力取得技术进展越来越困难。合作创新通过外部资源内部化，实现资源共享和优势互补，有助于攻克技术难关，缩短创新时间，增强企业的竞争地位。企业可以根据自身的经济实力、技术实力选择适合的产品创新方式。

（4）产品创新的其他方面。企业产品创新还包括品种的创新、产品结构的创新及产品使用价值在实现过程中的创新。品种创新要求企业根据市场需要的变化和顾客偏好的转移，及时地调整企业的生产方向和生产结构，不断开发出受顾客欢迎的适销对路的产品。产品结构的创新是企业在不改变原有品种基本性能的前提下，对目前生产的各种产品进行改进和改造，找出更加合理的产品结构。产品使用价值在实现过程中的创新也可称作市场创新，主要通过企业营销活动进行创新。

3. 文化创新策略

（1）将企业领导者看作企业文化创新的领头人。从某种意义上说，企业文化是企业家的文化，是企业家的人格化，是其事业心和责任感、人生追求、价值取向、创新精神等的综合反映。企业家通过自己的行动向全体成员灌输企业的价值观念，企业文化创新的前提是企业经营管理者观念的转变。因此，进行企业文化创新时，企业经营管理者必须转变观念，提高素质。首先，要将企业文化的概念定位在企业经营理念、企业价值观、企业精神和企业形象上。其次，要积极进行思想观念的转变，从原来的自我封闭、行政命令、平均主义和粗放经营中走出来，牢固树立适应市场要求的全新的发展观念、改革观念、市场化经营观念、竞争观念、效益观念等。再次，认真掌握现代化的管理知识和技能，积极吸收、运用国外优秀的管理经验，在文化上要积极融入世界，为企业走国际化道路作好准备。最后，要具有创新精神，思维活动和心理状态要保持一种非凡的活力，紧盯市场需求，及时地将外界的信息组合构造出创新决策。

（2）将企业文化创新与人力资源开发相结合。人力资源开发在企业文化的推广中起到不可替代的作用。全员培训是推动企业文化变革的根本手段，企业文化对于企业的推动作用得以实现，关键在于全体员工的理解认同与身体力行。在企业文化变革的过程中，必须注重培训计划的设计和实施，督促全体员工接受培训、学习。通过专业培训，增进员工对企业文化的认识和理解，增强员工参与企业发展的积极性，使新的企业文化能够在员工接受的基础上顺利推进。强制性制度变迁往往会在下级组织招致变相的扭曲或阻力，应采取诱致性变迁的方式，基于员工自愿支持观念更新与行为模式的转变。企业间的竞争是人才的竞争，其实质是学习能力的竞争。企业要生存与发展，提高核心竞争力，就必须强化知识管理，从根本上提高企业员工的综合素质。

4. 管理创新策略

（1）根据创新的程度不同，可以分为首创性创新、改创型创新和仿创性创新。首创型创新是指观念上和结果上有根本突破的创新，通常是首次推出但对经济和社会发展产生重大影响的全新的产品、技术、管理方法和理论。这类创新本身要求全新的技术、工艺以及全新的组织结构和管理方法。首创型创新还常常引起产业结构发生变化，从而彻底改变组织的竞争环境和基础。

改创型创新是指在自己现有的特色管理或在别人先进的管理思想、方式、方法上进行顺应式或逆向式的进一步改进，现有的特色管理是自己所独有但尚未系统化或完全成型的管理方式；在借鉴别人先进管理的基础上进行大胆创新，探索出新的管理思路、方式、方法，简单地说，就是在别人已有的先进成果上进行有创意的提高。日本是采用这种管理创新策略的典型国家。

仿创型创新是创新程度最低的一种创新活动，其基本特征在于模仿性。在创新理论的创始人熊彼特看来，模仿不能算是创新，但模仿是创新传播的重要方式，对于推动创新的扩散具有十分重要的意义；没有模仿的创新，其传播可能十分缓慢，对社会经济发展和人类进步的影响也将大大减小。模仿可以分为创造性的模仿和简单性的模仿，创造性模仿就是我们上面介绍的改创型创新，而简单性模仿就是仿创型创新。

（2）根据创新的过程是量变还是质变，可分为渐进式创新和突变式创新。渐进式创新是指通过不断的、渐进的、连续的小创新，实现管理创新的目的。这种创新策略从小的方面入手，不至于猛烈攻击既得利益者的利益，易于被这群人所接受。由于许多大创新需要与之相关的若干小创新的辅助才能发挥作用，而且小创新的渐进积累效应常常促进创新发生连锁反应，导致大创新的出现，所以，单个小创新虽然带来的变化是小的，但它的重要性不可低估。它说明企业的管理创新是从无数的小创新开始的，当大量的小创新不断地改善着企业的经营管理并达到一定程度时，就会产生导致质变的大创新。这种创新具有渐进性、模仿性，创新的周期一般较长，而创新的效果却不错。日本的企业多采用这种渐进式管理创新策略，日本政府在公务员改革过程中也采用了这种策略，通过有计划地每年逐渐减少公务员数量的办法，加以编制法定化的配套措施，日本的公务员改革取得了成功。

突变式创新是指企业在前次管理创新的基础上运行，经过一段时间，直到创新的条件成熟或企业运行到无法再适应新情况时，就打破现状，实现管理创新质的飞跃。它具有突变性，周期相对较短，而效果相对较好。这种突变式创新的实现通常由专业管理人员、企业家来实现。欧美的企业和政府的管理创新多采用这种策略，如 20 世纪 80 年代初英国政府实现的“私有化运动”和 20 世纪 90 年代初由美国、英国、澳大利亚、新西兰等西方国家实行的“重塑政府”行动，在短时间内，政府的管理理论和管理实践都发生了重大变化。

（3）根据创新的独立程度，可以分为独立型创新、联合型创新和引进型创新。独立型创新的特点是依靠自己的力量自行研制并组织生产，其成果往往具有首创性。国外大型企业大多拥有自己的研究开发机构，因而其研究工作特别是涉及公司特色产品的核心技术，多以自身力量进行，这样可以做到技术保密，使自己处于行业竞争中的领先地位。其缺点是应用此策略的企业在投入了巨资且研究项目已经或将要取得成功时，有可能会发现同样的产品或发明已经被别人领先创新出来，不但失去了占领市场的先机，而且造成人力、物力、财力的巨大损失。

联合型创新是若干组织相互合作进行的创新活动。联合创新往往具有攻关性质，可以更好地发挥各方的优势，但涉及面广，组织协调及管理控制工作比较复杂。然而，随着科学技术的发展、高新技术的兴起，许多重大的创新项目，无论是资金、技术力量还是该创新项目内容的复杂性，都并非一个企业或组织所能承担，因此，联合型创新就变得日益重要。联合不仅包括企业和企业之间的合作，企业和科研机构以及高校进行联合创新，甚至各国政府都开始采取联合创新的策略，并且这种企业和其他部门的合作以及政府的跨国合作变得越来越普遍。

引进型创新是从事创新的组织从其他组织引进先进的技术、生产设备、管理方法等，并在此基础上进行创新。这种创新的开发周期相对较短，创新的组织实施过程有一定的参照系，风险性相应降低，但需要对引进的技术进行认真的评估和消化。

第二节　农垦企业创新管理途径

一、农垦企业技术创新的途径

科技创新产生新知识、新技术、新产品或新工艺之后，要能够实现规模化生产和运用，被广大的消费者和公众接受，产生良好的经济和社会效益，还需要开展大量的转化运用和推广工作。科技创新成果转化运用服务主要涉及科技创新成果孵化和产业化服务、科技创新成果推广运用示范服务、科技创新成果转移转化服务、企业注册登记和纳税等商务服务、营销服务等。

由于农业领域的生产经营活动较为分散，农业科技创新成果难以集中推广，在农垦企业建设农业科技创新成果推广示范基地，是一种有效的农业科技创新成果推广运用和转化运用的重要方式。

加强农垦科技创新能力建设，要不断加大研发投入力度，强化农业科技攻关，解决重大共性关键技术和产品、设施装备难题，培育战略性新兴产业。统筹人才、项目和基地建设，推动农垦企业发展方式转变，推进协同创新组织模式，组建以企业为主体的农业产业技术创新联盟，搭建农业科技创新和成果转化推广平台，加快科技成果转化。积极推进生产经营管理全程信息化，开展农业物联网等信息技术集成应用和试验示范。加强农垦农业技术推广服务体系建设，重点开展高产高效技术集成示范，加强示范基地建设，推动绿色、高效、可持续现代农业发展。

1. 农垦科技创新平台建设

加强科技创新平台建设，强化种业科技创新和产业链关键环节技术研发，加大农业机械装备与信息技术应用，提升农业科技发展水平。目前，全国农垦企业集团拥有省部级认定的科研创新平台200多个。以农垦企业为主，联合高等院校、科研机构或其他组织机构，开展信息资源、科技成果共享，推进技术合作、联合攻关，促进科技协同创新。在产业优势明显、综合实力较强的垦区，建设水稻、小麦、天然橡胶、乳业等农业技术创新中心，重点突破现代农业核心技术。围绕优良品种的研发，建设水稻、小麦、玉米、大豆、棉花、天然橡胶、奶牛育种科技创新中心。在水稻、小麦、天然橡胶、乳业等优势垦区建设农业科技创新工程中心，加快重要农产品的生产、加工、仓储物流等关键共性技术的研发、组装集成及成果转化。

整合种业基地和科研资源，实施联合、联盟、联营，做大做强育繁推一体化种子企业，加大农机购置补贴支持力度，提高装备水平。选育高产优质、多抗广适的小麦、水稻、玉米新品种和高产的胶木兼优橡胶树新品种，改良高产奶牛和乳肉兼用牛品种，推广棉花、大豆、甘蔗等优良品种研发。以市场化机制为基础，以农垦种业优势创新企业为主体，通过创新种业科技，推动种业企业做大做强。

2. 产业链关键技术研发

先进的技术是农垦航母的核心动力，是农垦现代农业航母的“芯片”，是农垦占据农业产业链顶端的重要工具。只有落后的技术，没有落后的产业。重视现代农业产业链关键环节的研发和创新，主动有效对接和利用农业前沿技术。开展粮食绿色增产、节本增效等生产关键技术和现代装备、精深加工、高效节能加工、副产物综合利用、节粮减损等产后环节技术创新。加快特种胶生产、智能化采胶等天然橡胶技术研发。强化奶牛高效安全养殖、奶产品质量控制、冷藏保鲜、婴幼儿奶粉配方等乳业技术创新，加快全株青贮玉米、优质苜蓿等饲料高效生产技术研发。

3. 农垦创新人才培养

建立农垦创新型人才培养机制，把继续教育和培训工作作为农垦创新人才培养的重要一环。继续教育与培养机制深度融合校垦合作机制，依托大专院校的教育培训基地，提升农垦人才的创新素养和理论知识水平。搭建培训基地和实践锻炼的平台，为农垦人才提供理论转化为实践的机遇，不断在实践中培养、锻炼农垦人才的技术水平和创新能力。加强技能培训和就业服务，加大政策支持力度，拓展就业渠道，鼓励和引导职工子女扎根农场务农兴业。加强农垦经营管理人才引进和培训，培养懂市场、善经营、会管理的优秀企业家，造就热爱农垦、献身农垦的高素质干部职工队伍。

二、农垦企业产品创新的途径

农垦企业产品创新的途径主要有内部研发和外部获取两种方式。

1. 内部研发

建立农垦企业自己的科研部门，从事有关产品的基础研究和应用开发，与科研院所合作，研究适合中国市场的农垦产品。

（1）逆向研制。农垦企业对其他公司的产品性能、构造等内容进行研究，从中破解其制造工艺和技术配方，以期仿制和改进。这是正常的产品创新方式，是将新的配方和工艺转化为新产品。

（2）委托创新。农垦企业把开发新产品的工作通过契约的形式交由企业外部的人员或机构完成。产学研结合，将新产品项目或课题委托给高校或专门的科研机构进行研究开发。黑龙江省近年来涌现了大批富有实力的中医药企业，这与该省企业积极委托高校和科研机构创新研发有直接关系。对于内部科研人员不足、研究基础薄弱或资源能力较差的农垦企业，委托创新是最佳的新产品开发途径。

（3）联合创新。各垦区企业之间可以互相合作，将资金、技术力量等资源联合起来，共同攻克技术难关，共同分享研发成果。对于大型的研发项目，联合创新可以解决单一农垦企业无法实现的技术突破。

2. 外部获取

农垦企业也可以直接从企业外部获取某种新技术、新工艺的使用权或某种新产品的生产权和销售权。

（1）创新引进。农垦企业直接购买新技术或者购买新产品的生产和销售权。在对新产品学习和运用的基础上，对引进的产品生产技术进行改造，使之更适应本国的生产和市场条件，在积累了足够的技术经验之后，实现技术和产品创新，创造独立自主的知识产权。

（2）企业并购。农垦企业可以通过收购或兼并其他公司的股权，取得对该公司新技术、新产品的占有权、使用权或控制权。

（3）授权许可。农垦企业可以从其他企业那里获得生产和销售某种产品的许可，这种方式不涉及技术所有权的转让。授权协议通常规定授权的范围和期限，在此之外，授权方仍然有权利向其他企业发放同样的授权许可。

外部获取策略的好处在于，农垦企业不必花费巨大资金开发新产品，省去了投入研制开发的资金，并争取了时间迅速参与到新的市场开发。另外，新产品开发的失败率极高，外部获取策略可以避免新产品开发的风险。农垦企业通过并购目标市场的同类企业，可以将竞争对手转换成自身的力量，从而维护企业市场份额。

完达山乳业作为拥有一流乳品研发团队、乳品加工设备以及先进乳品加工工艺的农垦企业，近年来，立足国内行业全局、站在国际视角，以“创新探索”为企业目标，满足消费者对乳品个性化、差异化的多层次需求，寻求国际乳业合作项目，研发高端功能性乳品，以科技创新提升乳品的新鲜口感，锁定更多营养价值，赋能产品活力，开发牛奶产品新滋味，完成了从“放心奶”到“优质奶”的成功升级。在科技创新赋能下，完达山乳业产品品类得到进一步丰富，消费者个性化需求得到进一步满足。依靠绿色全产业链的优势，用匠心打造“领鲜”科技产品，用“创新探索”引领“新鲜生活”，让更多消费者感受到美味和健康的快乐。

三、农垦企业文化创新的途径

农垦文化是在特殊的历史时期，一个特殊的群体，用特殊的方式，为完成特殊的使命而形成的一种独特的文化；在艰苦卓绝的创业中形成的“艰苦奋斗，勇于开拓”的农垦精神，激励了几代农垦人，是农垦文化的灵魂。弘扬农垦精神、创新农垦文化，是新形势下，农垦不断完善自我、提高竞争力、加快改革发展的需要。

农垦事业要发展和保持它的先进性，必须创新，而文化创新是其他各种创新的前提。现在企业的竞争已经从产品竞争、品牌竞争，发展到包括企业文化在内的全方位竞争，文化影响力更具有深刻性和根本性。

1. 农垦文化面临的变化

一是发展环境的变化。现在国际形势发生了深刻的变化，经济全球化，科技不断进步，国内市场经济体制的确立，竞争对手实力的增强，随着中国企业“走出去”，一些企业也在悄然布局海外农业，农垦集团也在其中，是我国农业“走出去”的核心力量之一。对比国际四大粮商（美国 ADM、美国邦吉、美国嘉吉、法国路易达孚），我国农垦系统在立足本地文化及全产业链布局方面经验不足，在“走出去”的过程中受到国内改革政策、国际环境与规则的双重约束。这种环境和农垦文化形成时的情形相比，有天翻地覆的变化，要求农垦文化创新。

二是农垦自身的变化。在现代农业建设、区域经济发展中发挥引领、示范带动作用，要求农垦文化不断创新。农垦文化的创新，是为了使农垦整个经济系统适应现代的环境，为完成历史使命做出的一种抉择，是一种新的思想解放，这种思想解放是按照国际标准有规则、有序进行的。

2. 创新农垦文化应处理好六个关系

一是共性与个性的关系。农垦文化有共性的方面，突出表现在农垦精神上。要把共性的东西很好地提炼出来，同时要注意个性，因为共性是通过个性表达的。要重视挖掘自身的个性文化，农垦文化以“艰苦奋斗，勇于开拓”的农垦精神为核心，包括农垦物态文化、农垦精神文化、农垦艺术文化、农垦社会关系体系等子系统，传承了中国古代屯垦文化的家国意识和南泥湾军垦文化的红色基因，积淀着农垦人最深沉的精神追求，为农垦的改革发展提供了丰厚滋养，是中国农垦的重要软实力。

二是继承和创新的关系。农垦文化是有渊源、积淀的，要强调继承和创新，坚持固本开新，推动农垦文化的创造性转化与创新性发展。从农垦精神形成、发展的历史中汲取智慧和力量，立足当下，审视农垦精神的地位，助推农垦改革，促进经济高质量发展，在建设大基地、大企业、大产业中弘扬农垦精神。

三是现实和长远的关系。农垦文化的创新，要从现实出发。所谓从现实出发，就是要从解决农垦面临的问题出发。一个垦区、一个企业搞文化创新，首先要从解决企业的问题出发，要有针对性和明确的目标。文化是先导、引领，它既引领战略，同时又服从战略。

四是内部与外部的关系。农垦作为特定的企业和区域，特别应该重视处理好内部与外部的关系。尤其是在当前，更要重视外部积极因素的引入，农垦与地方、内部与外部要相互融合。

五是事业与产业的关系。农垦文化的建设要事业、产业并重，社会效益与经济效益相统一。农垦文化事业有很多公益性内容，不能完全按产业化运作，尤其是一些整体性很强的关于整个垦区的精神宣传、文化设计，一个企业难以单独完成。

六是领导和群众的关系。企业文化也可以说是企业家的文化，广大群众是文化的基础，文化建设要以人为本。各级领导要把农垦文化建设纳入议事日程，要搭建文化平台，抓好载体，把农垦文化的建设落到实处。

3. 创新农垦文化发展理念

弘扬农垦精神需要结合时代背景，将农垦精神具体到每一个地方特征，具体到每一个行业特征。要注意不断创新，将农垦文化提升到品牌发展的层次上，提升农垦文化发展战略。

新时代弘扬农垦文化要做到两点：一是将农垦文化与企业文化相结合，打造特色农垦企业文化；二是推动农垦文化“走出去”战略，提升农垦文化影响力，为农垦文化提供更广阔的发展舞台。从与企业文化相结合的层面来说，农垦文化所强调的艰苦奋斗、勇于开拓的精神是现代企业发展必不可少的。所以，在企业文化建设中要注意将农垦精神融入企业文化构建之中，宣传农垦文化，使员工树立农垦企业精神，并在工作中发挥农垦精神，形成超强的钻研精神，永不放弃的拼搏精神。从推动农垦文化“走出去”的角度来说，一方面，国内不同地区的文化之间要相互交流、相互合作，在合作中相互学习经验，促进文化的融合，从而实现更加快速的发展；另一方面，要打开国门，推进农垦文化走向国际市场。

四、农垦企业管理创新的途径

1. 模仿创新

农垦企业可以通过学习模仿率先创新者的创新思路和创新行为，吸取成功的经验和失败的教训，引进率先创新者的核心技术和技术秘密，并在此基础上改进完善、进一步开发。对于农垦企业来说，应该从模仿创新开始，踏踏实实地进行技术积累、消化、吸收和“二次创新”，以逐步培育出一支善于创新的人才队伍，不断增强自己的研究开发实力。模仿创新是企业以最小代价、最快速度追赶世界先进水平的现实途径，是最终实现自主创新的必经阶段。

2. 自主创新

自主创新是农垦企业通过自身努力，攻破技术难关，形成有价值的研究开发成果，并在此基础上依靠自身的能力推动创新的后续环节，完成技术成果的商品化，获取商业利润的创新活动。

自主创新是当今世界上许多知名企业推崇的创新战略，具有三个显著的特点。其一，核心技术的自主突破。核心技术或主导技术应该是由企业依靠自身力量，独立研究开发获得的。其二，关键技术的领先开发。新技术成果具有独占性。自主创新企业必须以技术率先性作为努力追求的目标。其三，新市场的率先开拓。

自主创新对农垦企业成长具有重要的意义。自主创新在技术方面具有较强的壁垒，这是由于新技术的解密、消化、模仿需要一定的时间，而从投资到形成生产能力并发展成为较强的竞争者，也需要一定的过程。专利制度从法律上确定自主创新者的技术创新地位，保护自主创新者的权益。因此，自主创新企业能在一定的时期内独占某项产品或工艺的核心技术，使自己在竞争中处于有利的地位。具有强大实力的企业如能利用自身优势自主开发创新，则可在一定程度上控制新兴产业的发展，奠定自身在该行业的领军地位，从而获得极大经济利益，并促进企业的进一步成长。自主创新企业一般都是新市场的开拓者和营销网络的率先建立者，在产品投放市场的初期，可获得大量的垄断利润。

农垦企业要认真总结农垦创建自主科技创新体系的经验，把建立自主创新体系作为农垦经济发展的核心战略，围绕农垦经济发展总体目标和农垦发展战略目标，增强农垦干部职工的创新意识，组织科技人员积极开展科技创新活动，加大对科技的投入，注重加强科技创新体系、科技推广普及现代农业示范体系、科技人才队伍、科研和技术推广手段四个方面的建设，坚持科技与经济的结合，依靠科技创新，提升农垦产业水平。

第三节　企业创新管理案例

案例一：北大荒种业构建科技创新体系，聚力打造种业强企

黑龙江北大荒种业集团有限公司（以下简称北大荒种业）是一家集研发、生产、加工、销售、服务及进出口业务于一体，具有完整产业链、多作物种子经营的现代化大型国有控股种业公司。连续多年被评为国家高新技术企业，是中国种子行业首批AAA级信用企业、农业农村部颁证的“育繁推一体化”企业，中国种业信用明星企业、全国种业骨干企业前三强，黑龙江省诚信企业、黑龙江省农业产业化重点龙头企业。拥有“垦丰”“德美亚”等商标品牌，其中“垦丰”商标被认定为中国驰名商标。2015年，下属公司垦丰种业在全国中小企业股份转让系统（“新三板”）挂牌，登陆资本市场，连续多年保持在创新层。

北大荒种业高度重视研发这一核心竞争力，坚持以自主创新支撑企业长远发展的基本原则，始终致力构建以商业化育种为核心的研发创新体系，着力通过建设研发平台、打造人才梯队、创新育种机制、强化资金保障、深化产学研合作等措施，持续提升自身研发创新能力和水平，保持和增强在同行业竞争中的优势地位。

一、研发平台向国际化水平迈进

投资近4亿元建设企业自有研发中心，建筑面积13 000平方米，设有种质资源库、种子科学中心、生命科学中心、未来科学中心，即“一库三中心”；配备国际领先的全自动植物核酸提取系统、全自动移液工作站、Douglas基因型鉴定系统、芯片检测系统、全自动核酸分析系统及二代测序仪等仪器设备200余台套，研发基础条件达到国际种业领先水平。其中，种

质资源库面积1 000平方米，设有长期库1个、中期库2个、短期库1个，设计容量可保存各类种质资源40万份，技术处于全国领先水平，目前一期工程共保存种质资源9万余份。通过软硬件平台建设相结合的方式，北大荒种业逐步建立了高通量种子切片分选平台、高通量DNA提取平台、高通量SNP基因型鉴定平台、高通量SSR基因型鉴定平台、高通量基因芯片平台、高通量二代测序平台六大平台，为加快生物技术与传统育种相结合、提高育种效率、实现精准育种奠定了坚实基础。北大荒种业在全国多地建设了配套设施完善的育种试验基地，装备了先进的抗旱鉴定棚车、小区播种机、小区自动收获测产系统、玉米果穗自动考种机等现代化农业科研机械、设备。总体来看，北大荒种业育种研发平台已达到国际先进水平。

二、打造国内领先的人才梯队

采用市场化用人机制，打造高素质人才团队，建立成果奖励机制，激发科研人员创新活力。从美国引进高端研发人才，并从黑龙江省农业科学院、农垦科学院引进多位育种专家担任技术总监、首席科学家等重要研发岗位。通过市场化的引才、选才、用才，北大荒种业打造了一支以顶尖人才为龙头，以中青年人才为骨干，人员结构优、合作精神好、综合素质高、研发能力强、科研成果丰，整体达到国内领先水平的研发人才梯队。现有科研人员432人，占员工总数的28%，其中博士11人、硕士79人。

三、国内首创流程（Pipeline）育种机制

借鉴国际种业巨头的流程（Pipeline）育种模式，从打破原有的科研单位课题组各自为战的育种模式入手，系统整合资源，按育种流程设立专业团队，细化任务分工，组成创新链，构建起了由首席科学家负责、团队成员分工协作、流水线程序化运行的商业化育种体系，并采取多项措施优化完善这一体系，实现了资源、技术、信息的共享共用，提高了育种效率。优化基地布局，建成1个研发中心、13个区域育种站、60个生态测试站、113个试验鉴定站及配套设施完善的海南南繁基地，完成基础研发基地布局。加强信息化建设，通过对金种子育种平台、LIMS实验室管理系统、种质资源管理

系统等信息化系统的开发应用，初步建成全程信息化的研发管理体制。完善管理体制机制，北大荒种业设立专家和技术委员会、产品委员会等决策机构，制定出台《种质资源管理办法》《玉米早代测试管理规定》《产品管理办法》《南繁管理办法》等一系列管理制度，全面规范相关工作，提升管理水平。

四、研发资金保障充足

坚持以销售收入资金反哺育种研发，确定了杂交玉米研发投入应占其销售额的8%以上、自交作物研发投入应占其销售额的3%以上的研发资金保障原则，确保长期稳定的研发投入。“十三五”期间，北大荒种业累计研发投入4亿多元，年均8 000多万元，占到总销售额的5%左右。农作物育种研发环节多、周期长，稳定的研发资金投入有效保障了研发能力和水平持续提高，新品种等成果不断产出，形成了年参试品种300多个、年审定品种近30个的育种研发能力。“十三五”期间，共审定农作物新品种136个，其中玉米33个、水稻35个、大豆62个、小麦6个；获得植物新品种保护权83个，其中玉米13个、水稻27个、大豆40个、小麦2个、大麦1个。

五、保持高水平产学研合作

推进与相关国际种业巨头、优势科研单位的产学研合作，以合作补强自身资源、技术、人才短板，带动公司研发创新能力加速提升。一是联合参与协同创新，携手行业骨干企业与中国农业科学院作物科学研究所开展“1+8”科企联合创新，参加国家玉米产业体系与企业育种战略合作联盟。二是开展研发合作及联合培养人才，与德国KWS公司深化战略合作至研发领域，与拜尔、先正达、巴斯夫等公司合作同步开展新农化产品应用研究，与中国农业科学院作物科学研究所、湖南农业大学建立战略合作伙伴关系。三是深化资源与技术合作，与中国农业科学院作物科学研究所、中国科学院植物研究所、中国农业大学和四川省农业科学院等单位合作开展水稻品质改良、玉米种质资源发掘、玉米抗病标记开发。四是加强人才引进与培养，分别在中国农业大学和中国农业科学院作物科学研究所设立垦丰种业基金，与黑龙江八一农垦大学、黑龙江大学共建实践教学基地。

在国家、省农业和科技等主管部门以及北大荒农垦集团公司的大力支持和帮助下，"十三五"时期，北大荒种业商业化育种体系建设日趋完善，自主创新能力稳步提升，科研成果产出加快，研发实力持续增强，得到初步认可。2018 年，子公司北大荒垦丰种业股份有限公司（以下简称垦丰种业）生物技术实验室获批"农业部作物生物技术育种重点实验室"；获人力资源和社会保障部、全国博士后管理委员会批准在垦丰种业正式设立博士后科研工作站。2019 年，黑龙江省垦丰种业三大作物分子育种技术创新中心成功进入黑龙江省技术创新中心库。"十三五"期间，共承担国家、省、部财政支持项目（课题）11 项，获得项目资金 1 000 余万元，其中"农作物种质资源引进创新与高效利用"项目，获得 2019 年黑龙江省科学技术进步一等奖。获国家知识产权局受理研发相关的技术专利 2 项，获得国家版权局颁发的软件著作权 1 项。

案例二：嘉立荷牧业提高科技创新能力，助推企业跨越式发展

天津嘉立荷牧业集团有限公司（以下简称嘉立荷牧业）是天津食品集团有限公司的全资子公司，专业从事奶牛养殖、生鲜奶销售、技术研发服务及奶牛育种繁殖。嘉立荷牧业通过强化科技创新基础设施建设，加强与科研院校合作，探索科技创新方式方法，保障科技创新持续发展。

一、创新平台建设

构建以"两平台、三中心"为主的科研支撑体系，以天津市奶牛营养代谢病重点实验室、天津市企业技术中心平台为支撑，建设奶牛疾病及生鲜乳质量检测中心、饲料投入品检测中心、奶牛良种遗传研究中心，提升选种选配水平。以 ERP 云平台为依托，实现 ERP 管理。通过对挤奶、发情监测、精料仓、反刍动物全混合日粮（TMR）、地磅、监控系统等信息源的有效整合及分析，生成牧场所需的各种统计信息。引进 SCR 发情监测系统、喷淋

系统、新“奶业之星”数据管理平台等信息化设备，通过新增与改造相结合的方式，从基础建设、高效生产、环境保护等方面入手，打造现代化奶牛养殖场。

二、建立产学研合作机制

聘请专家作为技术顾问，开展科技合作和技术服务，在企业发展规划、战略设计、科技项目论证、人才培训、万头奶牛场可研报告编写等方面进行指导，定期开展兽医技术培训，培养技术过硬的兽医人才。

以项目合作为抓手，推进公司科技进步。与天津科技大学、天津市畜牧兽医研究所联合申报秸秆发酵饲料化关键技术示范项目，通过建立秸秆汽爆预处理技术以及微生物青贮关键技术，开发高营养的秸秆饲料产品，构建新型的秸秆综合利用路径，促进农业产业结构调整和优化；与中国农业大学联合申报天津优秀种母牛核心群选种选育关键技术集成项目，通过建立母牛遗传评估信息网络平台，完善天津市荷斯坦奶牛选种选育体系；研究围产前期日粮不同能量、蛋白和矿物质水平、体况及变化与饲养密度对奶牛生产性能及健康的影响，为围产期奶牛营养管理提供支持。

三、加强人才队伍建设

制定《天津嘉立荷牧业集团生产技术总监聘任管理办法》，明确符合条件的专业技术人才可被聘用为生产技术总监。规范选聘程序，聘期满后考核为优秀的可以续聘，调动专业技术人才的工作积极性。制定《天津嘉立荷牧业集团专业技术人才评价管理办法》，成立人才评价领导小组，组建评审团队，从基本素质、职业道德、专业能力、个人业绩四个维度对专业技术人才进行综合、分类评价，为差异化、精准化激励人才打下基础。同时，制定《天津嘉立荷牧业集团创新人才基金管理办法》，奖励技术管理创新人才；设立“嘉立荷学院”，推出丰富、多样、实用的培训课程，为企业培育高素质专业人才，解决人才短缺问题。

四、发挥示范带动作用

结合企业在奶牛管理、生产效率和科技创新等方面的优势，通过技术培训、项目推广、示范观摩、对口帮扶、科技特派员进村入户、示范场、示范户等多种形式，示范推广奶牛健康养殖技术和发酵饲料喂养技术，落地落实普及科技成果，带动奶业创新发展。

五、形成科技创新成果

承担技术创新重大专项项目，建立天津市奶牛营养代谢病企业重点实验室，搭建规模化奶牛场技术开发和创新平台，集成奶牛精准化饲喂技术；建立奶牛综合经济效益评价模型，评价奶牛在群价值，降低饲养成本，创建物联网技术信息化管理平台，实现奶牛场精细化管理；形成奶牛技术创新体系，建立天津市奶牛技术示范基地，带动天津市奶牛养殖业发展。

科技创新是提高社会生产力和综合国力的战略支撑，必须摆在企业发展全局的核心位置，构建以企业为主体、市场为导向、产学研相结合的技术创新体系。创新是引领发展的第一动力，科技创新不仅是国家竞争优势的体现，更是企业和产业的核心竞争力所在。科技创新是大多数农垦企业的薄弱环节，很多农垦企业存在无研发投入、无科研人员、无科研平台的现象，跳不出“创新找死、不创新等死”的低质量发展陷阱。嘉立荷牧业牢牢把握住科技创新这根发展的主线，成功实现企业跨越式发展，为农垦企业提供了一个生动的示范样本。

参考文献 | REFERENCES

安蒙龙，张元福，2017. 关于黑龙江垦区农业经营体制改革的回顾与思考 [J]. 农场解决管理 (3)：3-13.

蔡荣，2008. 农产品市场价格形成机制理论与实证分析 [D]. 武汉：华中农业大学.

财政部会计资格评价中心，2021. 中级会计实务 [M]. 北京：经济科学出版社.

陈亮，2018. 关于加强国有企业战略管理的思考 [J]. 中国管理信息化，21 (24)：113-114.

陈志军，张雷，等，2020. 企业战略管理 [M]. 北京：中国人民大学出版社.

成兵，赵红梅，2019. 财务管理理论与实务 [M]. 北京：北京大学出版社.

戴孝悌，2015. 产业链视域中的中国农业产业发展研究 [M]. 北京：中国社会科学出版社.

《当代中国》丛书编辑部，1986. 当代中国的农垦事业 [M]. 北京：中国社会科学出版社.

高跃辉，2017. 宁夏农垦集团改革发展给予黑龙江省农垦的启示 [J]. 农场经济管理 (2)：3-5.

国务院国资委改革办，2019. 国企改革历程 1978—2018 [M]. 北京：中国经济出版社.

贺爱忠，2000. 21 世纪的企业人力资源管理 [J]. 中国软科学 (2)：37-39.

胡从九，2019. 关于农场企业化改革的思考 [J]. 中国农垦 (7)：45-46.

黄亨煜，2006. 基于战略的人力资源规划 [J]. 中国人力资源开发 (7)：49-54.

姜华，2019. 现代企业制度内涵界定与发展 [J]. 现代国企研究 (6)：36-38.

靳明，李爱喜，赵昶，2005. 绿色农产品的定价策略与博弈分析 [J]. 财贸经济 (3)：88-91.

科学技术部人才中心，2018. 现代科技创新管理概论 [M]. 北京：科学出版社.

厉以宁，傅师雄，周业铮，等，2019. 新形势下农垦改革发展重大战略问题研究［M］. 北京：人民出版社.

李飞，2001. 营销4P理论正当其时［J］. 北京商学院学报（1）：1-3.

李飞，2015. 全渠道营销：一种新战略［J］. 清华管理评论（Z1）：32-39.

李军辉，2022. 把坚持党的领导与完善公司治理统一起来［J］. 现代国企研究（Z1）：66-71.

刘瑞明，2019. 现代企业制度三大特征的重要性［J］. 现代国企研究（11）：39-41.

刘茜，2016. 农产品营销中的价格影响因素及定价策略［J］. 价格月刊（7）：38-41.

马力，2019. 探讨公司法与现代企业制度的关系［J］. 法制与社会（3）：234-235，239.

马青奇，2021. 承载国家队使命　构建新发展格局　努力培育特色鲜明的现代农垦企业集团［J］. 中国农垦（3）：21-23.

牛俊华，2016. 试论建立现代企业制度的法律意义［J］. 法制与社会（21）：32-33.

农业农村部农垦局，2020. 新中国农垦改革开放40周年［M］. 北京：中国农业出版社.

邵腾伟，2017. 培育农垦国际大粮商研究［M］. 北京：科学出版社.

盛运华，赵宏中，2002. 绩效管理作用及绩效考核体系研究［J］. 武汉理工大学学报（2）：92-94，98.

孙正东，2017. 现代农业产业化联合体理论分析和实践范式研究［M］. 北京：人民出版社.

孙铁玉，乔平平，2019. 企业经营管理［M］. 北京：电子工业出版社.

王慧农，1994. 市场营销中的定价策略［M］. 武汉：武汉大学出版社.

王守聪，2018. 打造中国农业领域的航母：新时期农垦改革发展理论与实践［M］. 北京：中国农业出版社.

王曙光，2021：中国农垦：农业现代化与农业安全的中国道路［M］. 北京：商务印书馆.

王曙光，2018. 农垦体制改革必须处理好四大战略关系［J］. 新疆农垦经济（10）：1-4.

王曙光，2019. 农垦体系现代企业制度构建与优质企业培育［J］. 新疆农垦经济（3）：13-17.

王震，孙健敏，2011. 人力资源管理实践、组织支持感与员工承诺和认同：一项跨层次研究［J］. 经济管理，33（4）：80-86.

谢合明，2010. 生产过程管理［M］. 重庆：重庆大学出版社.

杨久，栋祖爽，2022. 发挥农垦优势　打造体系完备的“农业国家队”［N］. 农民日报：10-21（5）.

张德，2006. 组织行为学［M］. 北京：清华大学出版社.

张文魁，2016. 现代企业制度的政策脉络、实施效果、发展方向 [J]. 中国浦东干部学院学报 (10)：96-106，136.

张启同，1987. 加快农垦企业推行场长负责制的步伐：农牧渔业部农垦局副局长张启同志答本刊记者问 [J]. 中国农垦 (11)：7-8.

张兴虎，2020. 农场企业化改革中完善国有资产管理工作的实践探索及建议 [J]. 农场解决管理 (12)：25-26.

赵仕红，常向阳，2011. 我国农产品营销渠道的优化研究 [J]. 农村经济 (9)：105-108.

赵曙明，1998. 人力资源管理与开发 [M]. 北京：中国人事出版社.

郑德金，1961. 国营农牧场实行“三包一奖”制度中的几个问题 [J]. 劳动 (19)：11-12.

宗锦耀，2017. 农村一二三产业融合发展理论与实践 [M]. 北京：中国农业出版社.

中国农垦经济发展中心，2006. 农垦经济体制改革与发展研究 [M]. 北京：中国农业出版社.

中国注册会计师协会，2022. 财务成本管理 [M]. 北京：中国财政经济出版社.

中国注册会计师协会，2017. 公司战略与风险管理 [M]. 北京：中国财政经济出版社.

朱玲玲，2018. 中国农业现代化中的制度尝试：国有农场的变迁 [J]. 经济学动态 (2)：4-10.

周其仁，2017. 改革的逻辑 [M]. 北京：中信出版社.

Philip Kotler, Gary Armstrong, 2018. Principles of Marketing [M]. 17th ed. Harlow: Pearson Education Limited.

POSTSCRIPT 后记

■■■

农业农村部管理干部学院作为农业农村系统干部人才教育培训的主阵地，主要任务是培训农业农村系统领导干部、专业人才、新型农业经营主体、农村实用人才以及外国农业农村官员，为加强农业农村干部人才队伍建设、加快农业农村现代化服务。农垦发展培训部作为学院的培训部门之一，专门从事农垦领域干部人才教育培训，多年来做了大量有益的工作，在农垦改革、企业经营管理方面进行了长期跟踪研究和培训实践，积累了丰富的经验和资源。

教材是培训教学的基础载体，是培训教学组织的基本规范，是培训教学活动的基干要件，是培训教学研究水平的重要体现。为助力农垦企业经营管理人员搭建理论知识框架、补齐理论知识短板，满足培训教学课后的系统学习需求，我们编写了本书。

全书共分八章，具体分工如下：甄瑞、曹荣荣负责编写第一章；董烈之负责编写第二章、第六章；董倩倩负责编写第二章、第三章；曹荣荣负责编写第四章；齐磊负责编写第五章、第七章；杜凯负责编写第八章。甄瑞、杜凯负责全书的统稿等具体工作。

本书在写作过程中，得到了相关领导、专家以及各垦区的大力支持。农业农村部农垦局政策与体制改革处王立法同志、上海交通大学张汉强研究员、宁波大学商学院陈永红教授、江苏农垦姚光夫同志、福建农垦杨文生同志、广东农垦郑云生同志、海南农垦熊凌浩同志、重庆农垦马晓玲同志、云南省农垦局郝鑫同志，以及广东燕塘乳业、广垦橡胶、福建省农业农村厅农垦处等单位认真审读了相关章节并提出了宝贵的修改意见。天津市、黑龙江省、江苏省、海南省、云南省等的垦区为本书提供了相关案例。中国农业出版社孙鸣凤同志及其团队为本书顺利出版付出了心血。在此，对这些单位和同志表示衷心的感谢。

本书是关于农垦改革与企业经营管理的专业参考书，希望帮助读者系统掌握农垦改革与企业经营管理相关知识。由于能力有限，欠妥及错漏之处恳请读者批评指正。希望读者朋友多提宝贵意见，群策群力、汇聚力量促进农垦改革发展。

本书编写组

2023 年 7 月

图书在版编目（CIP）数据

农垦改革与企业经营管理 / 中共农业农村部党校，农业农村部管理干部学院组编. —北京：中国农业出版社，2023.10

农业农村人才学习培训系列教材

ISBN 978-7-109-31319-4

Ⅰ.①农…　Ⅱ.①中…②农…　Ⅲ.①农垦—经济体制改革—中国—教材②农垦企业—企业经营管理—中国—教材　Ⅳ.①F324.1

中国国家版本馆 CIP 数据核字（2023）第 209741 号

中国农业出版社出版

地址：北京市朝阳区麦子店街 18 号楼

邮编：100125

责任编辑：孙鸣凤

版式设计：王　晨　　责任校对：吴丽婷

印刷：北京中兴印刷有限公司

版次：2023 年 10 月第 1 版

印次：2023 年 10 月北京第 1 次印刷

发行：新华书店北京发行所

开本：700mm×1000mm　1/16

印张：12.75

字数：208 千字

定价：79.00 元
